T0258033

# Lysa TerKeurst

# Qué pasa cuando las mujeres caminan por fe

*Cuando confías en Dios, él te lleva a lugares maravillosos*

CASA
CREACIÓN
*Para vivir la Palabra*

*Para vivir la Palabra*

MANTÉNGANSE ALERTA;
PERMANEZCAN FIRMES EN LA FE;
SEAN VALIENTES Y FUERTES.
—1 CORINTIOS 16:13 (NVI)

*Qué pasa cuando las mujeres caminan por fe* por Lysa TerKeurst
Publicado por Casa Creación
Miami, Florida
www.casacreacion.com
©2022 Derechos reservados

ISBN: 978-1-955682-31-2
E-book ISBN: 978-1-955682-32-9

Desarrollo editorial: *Grupo Nivel Uno, Inc.*
Adaptación de diseño interior y portada: *Grupo Nivel Uno, Inc.*
Diseño de portada: *Connie Gabbert Design + Illustration*
Fotografía: © *Rawpixel.com / Shutterstock*
Fotografía de la autora en la contraportada: *Amy Riley Photography*

Publicado originalmente en inglés bajo el título:
*What Happens When Women Walk in Faith*
Publicado por Harvest House Publishers
Eugene, Oregon 97408
www.harvesthousepublishers.com
Copyright © 2005 by Lysa TerKeurst
Todos los derechos reservados.

A menos que se indique lo contrario, los textos bíblicos han sido tomados de la Santa
Biblia, Nueva Versión Internacional® nvi® ©1999 por Bíblica, Inc.© Usada con permiso.

**Nota de la editorial**: Aunque la autora hizo todo lo posible por proveer teléfonos y
páginas de internet correctos al momento de la publicación de este libro, ni la editorial
ni la autora se responsabilizan por errores o cambios que puedan surgir luego de
haberse publicado.

Impreso en Colombia

22 23 24 25 26 LBS 9 8 7 6 5 4 3 2 1

*A mis dos hermosos hijos, Jackson y Mark. A través de ustedes, Dios ha hecho que mis pies caminen por senderos que nunca pensé que fueran tan asombrosos. Desde la primera noche en que me llamaron «mamá», mi corazón y mi vida nunca han sido los mismos. Les dedico las palabras aquí escritas con mucho cariño.*

# Contenido

## Fase cinco: Resurrección

# *Introducción*

Creo que Dios le da a cada mujer un sueño. No el *mismo*, por supuesto, sino uno que es especialmente diseñado acorde a sus talentos y sus propósitos. Cada mujer recibe un sueño que solo ella está destinada a cumplir.

Sin embargo, así como a los israelitas se les prometió una tierra que fluía leche y miel con la condición de que se armaran de fe para avanzar y *tomar* la tierra prometida, también toda mujer con un sueño enfrenta obstáculos que pueden alejarla de lo mejor que Dios tiene para ella. Los israelitas tuvieron que vencer a los gigantes de aquella tierra. Esos gigantes infundieron miedo en el corazón de aquellos a quienes se les dio la promesa. Algunos retrocedieron, como resultado. El desánimo los sobrecogió. Fatiga, impaciencia, incredulidad... todos esos sentimientos eran comunes a aquellos hombres y mujeres que pasaron cuarenta años en el desierto puesto que, simplemente, no podían caminar en fe rumbo al destino al que Dios los había llamado.

Conozco a muchas mujeres que *saben* en sus corazones que Dios tiene grandes cosas para ellas. Pero a cada paso que dan, encuentran obstáculos. Los gigantes están en su tierra prometida. Y experimentan esos mismos sentimientos de desánimo, fatiga e incredulidad.

Sé de esos sentimientos no solo por las mujeres que conozco, sino porque los he *experimentado* yo misma. *Todavía* enfrento obstáculos mientras persigo lo que Dios me ha llamado a hacer. Pero en los últimos años, como he estado dispuesta a seguir adelante a pesar de los obstáculos, Dios me ha dado mi sueño.

Permíteme que te pregunte lo siguiente: ¿Cuál es el sueño que Dios te ha dado? Tal vez no puedas expresarlo con palabras, excepto para decir que sabes que Dios quiere usarte. Pero *cómo* va a pasar eso... no estás muy segura.

No saber con exactitud cómo quiere usarte Dios es correcto. Cuando una mujer comienza a caminar en fe hacia Dios, él le dará el sueño. Para mí, el sueño resultó ser hablar en público, escribir e iniciar Proverbs 31 Ministries. Tu sueño, la forma en que Dios quiere usarte, probablemente será diferente por completo. Pero, aunque los sueños que tenemos pueden ser diferentes, he descubierto que el camino es muy similar para la mayoría de las mujeres. Y transitar en ese camino por fe es de lo que se trata *Qué pasa cuando las mujeres caminan por fe*.

En los siguientes capítulos, quiero hablar sobre las cinco fases que he identificado en la Biblia y que son comunes a las personas que se han acercado a Dios en pos de sus sueños. A lo largo de este libro, veremos cómo diversos personajes bíblicos superaron esas cinco fases y aprenderemos cómo reconocerlas en nuestro propio caminar de fe. También hablaré acerca de muchas de mis propias aventuras y la manera en que he progresado a través de esas etapas una vez tras otra. Espero que, a medida que comprendas mejor estas fases de la fe, evites el desánimo y la derrota en la que muchas de nosotras nos hemos atascado en el camino. Podrás seguir adelante, caminar con confianza y no dudar de Dios.

Las cinco fases de la fe van de la mano con las cinco verdades fundamentales de Dios:

1. Dios tiene un plan para mí.
2. Dios está conmigo.
3. Dios abrirá un camino.
4. A Dios no lo sorprende la muerte.
5. Dios da vida a los sueños.

Recordar estas cinco verdades vitales te sostendrá al atravesar las cinco fases de la fe. Como pronto descubrirás, Satanás se te opondrá cuando comiences a cumplir tu sueño. Te sugerirá algunas mentiras en oposición directa a las cinco verdades anteriores, como las siguientes:

1. Dios no se preocupa por ti.
2. Dios está demasiado ocupado con personas importantes para que se moleste por alguien insignificante.
3. No se puede confiar en Dios.
4. La muerte es sinónimo de derrota.
5. Los sueños solo ocurren por casualidad.

Estas son las mentiras que Satanás usará para destruir tu sueño. Cuanto mejor comprendamos la diferencia entre la verdad y la mentira, más libres seremos para caminar con Dios a través de las fases de la fe sin desviarnos del camino.

Estas son las cinco fases de la fe por las que pasarás para lograr tu sueño:

1. Deja todo. Para poder ir a un nuevo nivel de fe con Dios, tienes que dejar atrás lo viejo.
2. La hambruna. En este punto, te darás cuenta de que tu zona de confort desapareció y aprenderás a depender de Dios como nunca antes.

3. Cree. Siempre has querido creerle realmente a Dios, pero ahora tu experiencia con él se vuelve demasiado real para negarla.

4. La muerte. Llegar al final de tu capacidad para hacer que las cosas sucedan te parece la muerte. Pero para Dios, este es el único camino a una nueva vida con él.

5. Resurrección. De una manera que solo él pudo, Dios hace tu sueño realidad. Solo entonces comprendes que la verdadera alegría no yace en el sueño en sí, sino en la fe más rica que adquiriste a lo largo del camino.

Así que prepárate, amiga mía. Ponte tus zapatos más cómodos para caminar. Entiende, básicamente, hacia dónde nos dirigimos y que ya es el momento de partir. Al final de cada capítulo encontrarás un estudio bíblico personal. Te resultará útil obtener un cuaderno para anotar tus respuestas y tus pensamientos a lo largo del camino. Dedica tiempo a la lectura de las Escrituras, a meditar en las preguntas y a anotar tus respuestas en tu cuaderno. ¿Te emociona eso? A mí, sí. De hecho, ¡caminar con Dios te llevará a lugares asombrosos!

# FASE UNO

## Deja todo

# Uno

## El mapa

Me sentía muy insignificante. Muy pequeña. Me dirigí al micrófono, que estaba al frente del salón. Ella estaba rodeada por mujeres de todas las edades. Algunas solo querían darle un abrazo, entre lágrimas. Otras sostenían su libro en sus manos, buscando una nota de aliento y un autógrafo.

Yo solo quería preguntarle *cómo*.

¿Cómo tomo una vida rota y permito que Dios la use para su gloria? ¿Es posible que una chica rechazada por su padre terrenal pueda ser elegida y apartada para un llamamiento divino? ¿Podría Dios realmente tener un propósito para *mi* vida como lo tuvo para la de ella?

Esperé mi turno en la fila. Luego, cuando abrí la boca para hablar, se me hizo un nudo en la garganta, se me llenaron los ojos de lágrimas y todo lo que pude gritar fue un emotivo «*¿Cómo?*». Quería que me llevara a casa con ella y que me enseñara. Que me metiera en su maleta y me llevara, lejos de mi insignificante existencia, con alguien que marcara la diferencia. Quería que me diera una respuesta rápida y sencilla, tres simples pasos para la vida que cualquiera sueña, todo por el bajo precio de asistir al seminario. Pero esta conferencista no era una maga, una vendedora hábil ni una mujer que buscaba una nueva invitación. Era una mujer que había tenido heridas profundas y amargas desilusiones y que había elegido entregar su vida, con todo su fracaso y su dolor, a Dios. Ahora él la estaba usando de una manera verdaderamente maravillosa.

Ella no me dio la respuesta rápida y fácil que estaba buscando. No me dio nada de sabiduría ni una instrucción profunda. Solo tuvimos tiempo para que ella simplemente me dijera cómo empezó y luego me encontré de vuelta a mi asiento. Pero no regresé vacía ni sin esperanza. Lo que le faltaba a esa oradora en palabras, lo compensó con creces con un ejemplo. Había visto a Jesús en ella. Había visto una prueba viviente de la redención de Dios. Así que pensé: *Si Dios pudo hacer eso con ella, creo que —después de todo— hay esperanza para mí.* Y algo nuevo, grande y dirigido por Dios nació en mí y se confirmó en mi corazón de una manera innegable aquel día.

### Dios llenará los vacíos

Aunque todavía no sabía *cómo* Dios podría usarme, sabía que él podría encontrar la manera. Aunque no sabía *cuándo* podría usarme Dios, sabía que el momento estaba en sus manos. Aunque ni siquiera pensé que tuviera mucho que ofrecer, sabía que Dios llenaría mis muchos vacíos. Simplemente sabía que Dios me estaba llamando, invitándome, cortejándome a algo que mostraba sus huellas digitales por todas partes. Y eso fue suficiente.

En verdad, mi vida no cambió de la noche a la mañana. Experimenté un período de espera, un tiempo de crecimiento, desarrollo y perseverancia mientras Dios me preparaba. Las lecciones sobre paciencia, confianza, entrega y aprender a afianzarme precedieron mi partida. Pero incluso en ese tiempo —aparentemente sin importancia— de podas y pruebas, Dios me estaba preparando para el siguiente paso. Ese «período de preparación» no fue una pérdida de tiempo. Constituyó un elemento importante para cumplir con mi llamado. Aunque no pude ver mucho fruto, Dios estaba preparando mis ramas y haciéndolas lo suficientemente saludables para aguantar todo lo que él sabía que vendría.

Así que, ese día, salí de la conferencia emocionada, solo para ser golpeada por una impactante dosis de realidad en casa. Todavía quedaban platos por lavar, ropa por doblar, traseros por limpiar y la vida cotidiana por la cual afanarme. Para ser completamente sincera, no me gustaba mi vida mundana. Y, sin embargo, lo que llamamos mundano es, en algunos aspectos, muy importante y significativo en la escuela preparatoria de Dios.

### Sueños y desesperación

Recuerdo que cuando era niña miraba por la ventana de mi habitación, soñaba con el hombre con el que —alguna vez— me casaría y con los niños a los que algún día oiría llamarme mami. Contaba los años con mi pequeña mano y me deleitaba mientras cada uno era superado. Con cada cumpleaños que pasaba, mi expectativa crecía. Como la mayoría de las niñas, tenía otras metas y sueños, pero el cuento de hadas de mi corazón era ser esposa y madre. ¡Casi no podía esperar por eso!

Entonces, de repente, me convertí en una mujer adulta y Dios me había bendecido con un esposo amoroso y unos hijos maravillosos... pero aun así me sentía miserable.

¿Cómo podría ser eso? ¿Qué clase de broma terrible era esa, que la misma cosa que soñé que me traería la máxima felicidad, en realidad, me había conducido a una profunda desesperación? Qué desagradecida me sentí. Le había pedido, rogado, suplicado a Dios que me diera esos obsequios, y ahora estaba buscando —desesperadamente— la manera de devolverlos.

¿Me estaba perdiendo de algo genéticamente? Mientras observaba los entornos de la iglesia, el centro comercial y la tienda de comestibles, veía a otras mujeres que parecían encantadas de ser la June Cleaver de mi generación. Caminaban a mi lado, riendo y arrullando a su bebé como si protagonizaran una película romántica. Mencionaban con indiferencia que sus maridos las llevarían a Nueva York ese fin de semana. Esas mujeres eran, por supuesto, todas delgadas, y sus listas de compras bien ordenadas demostraban que sus casas eran sin duda más organizadas que la mía.

¿Qué me pasaba? Me sentía fracasada como mujer. Y lo más inquietante era el hecho de que no me gustaba ser madre. Fui miembro estelar del Club de Madres Culpables casi desde el momento en que nació mi hija. ¿Te imaginas sintiéndote así y luego considerar que Dios *te* llama al ministerio?

*¿Quién crees que eres? ¿De verdad crees que Dios podría usar a una mujer como tú para ayudar a otros?* Los susurros de Satanás eran implacables. Para ser franca, lamentablemente, estuve de acuerdo con él. En la conferencia, había sentido mucha seguridad en el llamado de Dios pero —en medio de la vida cotidiana— comencé a dudar.

Mi único recurso era la oración. Me arrodillé y clamé al Señor por su seguridad. Y, como siempre lo hace, Dios me encontró allí en el momento de mi necesidad. Me aseguró que él no llama a los calificados, sino que califica a los que llama.

## Rinde tus deficiencias

Amiga mía, no sé dónde estás mientras lees estas palabras. No conozco las circunstancias de tu vida. No sé el sueño que Dios te ha dado. Quizás tú tampoco lo sepas... todavía. Pero sé que tienes este libro en tus manos por una razón. Dios tiene un plan para ti. Tal vez uno que ni siquiera puedas imaginar o una tarea que no puedas descifrar y ni siquiera te atrevas a considerar que es para *ti*. Oro para que, como he compartido francamente las dudas que tenía, encuentres la gran esperanza de que Dios realmente puede usar a cualquier mujer que le rinda sus deficiencias y circunstancias. Lo he visto hacerlo una y otra vez en la vida de mujeres que estaban dispuestas a caminar en fe. Sin embargo, lo más poderoso es que lo he visto en mi propia vida.

Aunque comenzó poco a poco y sucedió lentamente, ahora puedo vivir el sueño que Dios me ha dado. Pero también, y lo que es más importante, ahora soy una madre de cinco hijos felizmente casada. La mayoría de los días me despierto emocionada por mi vida y no puedo esperar para desempacar las bendiciones de servir, amar y disfrutar a quienes Dios me ha confiado.

No me malinterpretes, todavía tengo días en los que me siento fracasada, pero son menos y distantes entre sí. Mis circunstancias no han cambiado realmente desde aquellos primeros días de mamá (¡excepto que tengo muchos más hijos!), pero mi perspectiva, en verdad, lo ha hecho.

La perspectiva es la clave. Si nunca hubiera tenido el esposo y los hijos que tengo, estoy convencida de que sería extraordinariamente egocéntrica y carecería de carácter. Dios usa diferentes cosas en distintas vidas para darles forma y moldearlas, y mi familia fue la herramienta perfecta de Dios para construir mi vida. Dios usó muchas experiencias de la vida diaria para moldearme y forjarme para el ministerio. Aprendí mucho siendo fiel en las pequeñas responsabilidades diarias, hasta que al fin Dios me confió responsabilidades más grandes. Cualquier mujer que desee ser usada por Dios debe estar dispuesta a honrarlo pase lo que pase.

### Honra a Dios

Durante esos primeros años, Dios me estaba preguntando: «Lysa, cuando empieces a sentirte abrumada por lavar la ropa, cuidar a los niños, cocinar y por lidiar con la vida, *¿me honrarás?*

¿Lo harás con un corazón agradecido? ¿Verás las bendiciones ocultas tras las largas listas de tareas pendientes? ¿Renunciarás a los planes que te convengan, a la facilidad y aceptarás mis planes para tu crecimiento y tu madurez?

Cuando cuadré mis perspectivas con las de Dios y decidí honrarlo en todas las cosas, grandes y pequeñas, al fin estuve lista para dar un paso adelante en el ministerio. Mis circunstancias no eran perfectas, pero sabía de quién era el rostro que debía buscar cuando empezara a caminar. Así que declaré en mi corazón que era una mujer de ministerio, dedicada a servir a Dios, por lo que comencé a esperar su invitación para unirme a él.

Créeme, esos primeros pasos fueron lo más lejano de lo que yo pensaba que era el ministerio. Eran decisiones cotidianas que implicaban honrar a Dios donde estuviera y pasar tiempo con la Palabra de Dios, aun cuando las tareas de mi lista de asuntos pendientes parecieran más urgentes. Debía llenarme de él primero para poder amar, dar y servir abundantemente a los demás, y no depender de mis propias fuerzas.

Honrar a mi esposo aun cuando me dijera cosas que herían mis sentimientos. Mantener una buena actitud aun cuando el empleado de la tienda me cobrara de más y aun cuando los problemas me consumieran más de lo necesario para solucionarlos. Mostrar paciencia con mis hijos y lidiar con los conflictos en forma calmada aunque tuviera muchas ganas de gritar y enviarlos a su habitación. Servir gentilmente a otras personas sin llamar la atención sobre mi servicio. Honrarlo de esa manera fue una parte vital para preparar mi corazón y servirle de forma más amplia.

Dios quiere que lo honremos. Quiere que dejemos a un lado las conveniencias personales, dejemos a un lado nuestras propias ideas y superemos nuestra testaruda voluntad de tener y hacer las cosas a nuestra manera y en nuestro tiempo. Dios quiere nuestra obediencia, no solo de labios para afuera. Una cosa es decir que lo honraremos, pero otra completamente distinta es hacerlo. No esperes el día perfecto para comenzar a honrar a Dios. Decídete a hacerlo hoy mismo. No creas que no estás haciendo lo que Dios te llamó a hacer solo porque las cosas no parecen tan glamorosas como pensabas. *Si eres una mujer que honra a Dios ahí donde estás, estás en el ministerio.* Sigue siendo obediente, sigue buscando la próxima oportunidad que se te presente y, sobre todo, aférrate a nuestro Señor.

# Estudio bíblico personal

**1. Lee Job 1:6; Lucas 22:31; 1 Pedro 5:8.**

Estos versículos nos muestran cuán activo está Satanás en nuestro mundo. Su propio nombre significa «el que separa». Su propósito principal es separarnos de Dios como pueda. Él quiere que persigamos otras cosas, incluso cosas buenas, para que perdamos lo mejor de Dios. Quiere mantenernos ocupadas. Quiere llenarnos la cabeza de mentiras para que no podamos escuchar la verdad de Dios. Demasiadas veces he permitido que sus trucos me conduzcan por el camino equivocado. ¿Y tú? ¿Qué táctica está usando para tratar de derrotarte en este preciso momento?

**2. Lee Efesios 6:11; Santiago 4:7; Juan 10:10.**

Satanás usa la misma vieja bolsa de trucos, pero tenemos de nuestro lado a Dios, que es infinitamente creativo. Podemos volvernos a él como nuestro apoyo, sabiduría y salida ante la tentación (1 Corintios 10:13). Dios nos da la fuerza para mantenernos firmes y la armadura para protegernos de nuestro enemigo. Satanás viene a robarnos el gozo, a matar nuestro espíritu y a destruir nuestra esperanza. Se disfraza de ángel de luz y nos engaña con su falsa belleza (2 Corintios 11:14). Debemos ser conscientes de la manera en que trabaja para poder resguardar nuestras mentes, corazones y pasos con el fin de emprender nuestro maravilloso viaje. No te equivoques, este es un viaje que Satanás no quiere que hagas, por lo que usará todos los trucos a su disposición para tratar de detenerte. Solo recuerda el paradigma de las Escrituras: Resiste al diablo y él huirá de ti (Santiago 4:7). Acércate a Dios y él se acercará a ti (Santiago 4:8).

En tu cuaderno, enumera algunas formas de resistir a Satanás.

Luego haz una lista de algunas maneras de acercarte a Dios.

### 3. Lee Hebreos 10:35-36.

Al emprender nuestro viaje juntas, quiero que realmente reflexiones sobre estos versículos. Cópialos en tu cuaderno. Este libro está escrito para permitirte viajar con confianza dondequiera que Dios te lleve. Tu viaje no tendrá el mismo aspecto que el mío, es tan único como tú. Pero las mismas verdades básicas descritas en estos versículos se aplican a todas nosotras. Encierra en un círculo las siguientes palabras después de haber copiado los versículos: *confianza, perseverancia y promesa*. Mi oración es que encuentres la confianza que necesitas para perseverar hasta que hayas recibido todo lo que Dios te ha prometido. ¡Sigue adelante, amiga mía, y prepárate para sorprenderte de lo que Dios ha de mostrarte a través de este estudio!

# Dos

## Una línea en la arena

Para honrar a Dios por completo, necesitas suficiente fe para dejar las cosas e irte con él. *¿Dejar? ¿Irme a dónde?*, te preguntas. Deja la forma en que siempre has lidiado con la vida y comienza a hacer las cosas de manera diferente con Dios. Deja la actitud soberbia, deja el orgullo obstinado, deja el derecho a tener razón, deja el control y, lo más grande de todo, deja la incredulidad.

*Ahora, espera un minuto* —quizás digas—. *Pensé que Dios estaba a punto de pedirme que intensificara e hiciera grandes cosas por él, pero ¿estás diciendo que el primer paso es dejar las cosas atrás?*

Absolutamente.

Hace un par de años, conducía una minivan vieja. Me llevaba a donde quería ir, pero carecía de muchas de las comodidades y conveniencias que me habría brindado un modelo más nuevo. Por un lado, el espejo retrovisor se había caído del parabrisas. Fui a buscar un kit de reparación, pensando en repararlo por mi cuenta y ahorrar un poco de dinero. Pero cuando leí las instrucciones para usar el superdifícil pegamento reparador, el miedo se apoderó de mi corazón y las visiones del desastre comenzaron a bailar en mi mente. Las instrucciones eran muy insistentes con la advertencia de que no debes dejar que el pegamento entre en contacto con tu piel o literalmente podrías quedarte pegada a lo que estés pegando.

No soy una mujer muy coordinadora, por lo que —a menudo— me suceden las cosas más vergonzosas. Así que me convencí de que yo sería la única entre un millón de mujeres que tendría que conducir a la sala de emergencias ¡porque su pulgar se pegó permanentemente al parabrisas! Sin embargo, deseché el kit y manejé con el espejo retrovisor en el portavasos y lo usaba solo cuando era absolutamente necesario.

Por dicha, aprendí a usar otros medios para manejar por la carretera, como emplear los espejos laterales o pedir a otros pasajeros en el automóvil que estuvieran atentos al tráfico. Lo que aprendí fue que usar el espejo retrovisor no era tan necesario como alguna vez pensé. Para ser franca, lo usaba por las razones equivocadas. Lo empleaba para maquillarme mientras manejaba, algo que era peligroso e innecesario. Lo usaba para quejarme de mis hijos mientras conducía, algo peligroso e innecesario. Lo usaba para acelerar en el otro carril cuando el conductor que iba delante de mí iba demasiado lento en mi apresurada opinión, algo peligroso e innecesario. Como sabrás, mirar hacia atrás y hacia adelante al mismo tiempo es imposible. ¿Te imaginas lo peligrosas que serían las carreteras si todo el mundo condujera mirando solo por los espejos retrovisores?

Es mucho más seguro concentrarse en la carretera y usar el espejo retrovisor cuando sea absolutamente necesario.

## No mires atrás

Este puede ser un simple ejemplo, pero es un fuerte punto espiritual. No podemos seguir adelante con Dios a nuevos y emocionantes lugares si pasamos demasiado tiempo recordando lo que pasó. Debemos dejar nuestro pasado atrás, trazar una línea en la arena y determinarnos seguir adelante con Dios. Es más, cada vez que él llama a sus siervos para que lo sigan a nuevas alturas, estos tienen que pasar antes por un proceso de abandono de las cosas.

En Génesis 7, encontramos a Noé y su familia cuando Dios los insta a dejar todo para que entren en el arca. Debido a su obediencia, salvaron sus vidas. En el libro de Rut, encontramos a la viuda Rut tomando la difícil decisión de permanecer leal a su suegra, dejar Moab y viajar a Belén. Gracias a su obediencia, finalmente encuentra un nuevo esposo y, a través de su linaje, nace Jesús. En 1 Samuel 16, hallamos a Samuel siendo enviado a ungir a uno de los hijos de Isaí para que fuera el nuevo rey. David, el candidato más joven y menos probable, fue el elegido. Casi inmediatamente después de ser ungido rey, tuvo que dejar los campos y los rebaños para ir al palacio. Otra cosa interesante a tener en cuenta es que no fue al palacio para sentarse en el trono de inmediato. Primero tenía que servir con su arpa al rey imperante. Debido a su obediencia al dejar todo, podemos leer acerca de alguien a quien Dios llamó un hombre conforme a su propio corazón.

Jeremías 1 relata la asombrosa historia del llamado de Jeremías. «La palabra del Señor vino a mí: "Antes de formarte en el vientre, ya te había elegido; antes de que nacieras, ya te había apartado; te había nombrado profeta para las naciones". Yo le respondí: "¡Ah, Señor mi Dios! ¡Soy muy joven, y no sé hablar!"» (Jeremías 1:4-6).

Ahora escucha la respuesta del Señor a Jeremías: «No digas: "Soy muy joven", porque vas a *ir* adondequiera que yo te envíe, y vas a decir todo lo que yo te ordene. No le temas a nadie, que yo estoy contigo para librarte". Lo afirma el Señor» (Jeremías 1:7-8). ¿Viste la palabra «ir»? Sí, en efecto, Jeremías dejó su antigua forma de confiar en su propia capacidad y aceptó una nueva manera de pensar. Debido a que fue obediente al confiar en Dios, este prometió darle cada palabra y el poder para cumplir la misión que tenía ante sí. «Luego extendió el Señor la mano y, tocándome la boca, me dijo: He puesto en tu boca mis palabras. Mira, hoy te doy autoridad sobre naciones y reinos, para arrancar y derribar, para destruir y demoler, para construir y plantar» (Jeremías 1:9-10).

En el Nuevo Testamento, cuando Jesús llamó a sus discípulos, lo primero que tenían que hacer era dejar lo que estuvieran haciendo —y donde lo estuvieran haciendo— para seguirlo. «Mientras caminaba junto al mar de Galilea, Jesús vio a dos hermanos: uno era a, llamado Pedro, y el otro Andrés. Estaban echando la red al lago, pues eran pescadores. *"Vengan, síganme —les dijo Jesús—, y los haré pescadores de hombres"*. Al instante dejaron las redes y lo siguieron» (Mateo 4:18-20). Debido a que obedecieron, tenemos escritas las acciones y verdades transformadoras de Jesús.

Cuando el matrimonio se menciona en la Biblia, tanto en Génesis como en Mateo, lo primero que se ordena es dejar todo. «Por tanto, dejará el hombre a su padre y a su madre, y los dos serán una sola carne» (Génesis 2:24; Mateo 19:5).

Por tanto, ¿es de extrañar que también te inste a dejar todo? Puede que tengas que cambiar de ubicación física o no, pero tendrás que cambiar tu forma de pensar y tus perspectivas espirituales. Una y otra vez, la fórmula para comenzar algo nuevo empieza con dejar lo viejo. Dejar eso suele ser un acto de obediencia y no un deseo del corazón. Es difícil. Eso te hace salir de tu rutina y entrar en una vida que requiere fe.

### Un primer paso poderoso

Una vez estaba enseñando este principio en un retiro de fin de semana cuando una dama se me acercó y me agradeció la invitación a trazar una línea en la arena y a dejar atrás su pasado. Les había lanzado un desafío: «El hecho de que hayan venido a este retiro, en cierta manera, no significa que tengan que salir de igual forma. Si llegaron como mujeres desanimadas, váyanse *animadas*. Si llegaron derrotadas, váyanse *victoriosas*. Si vinieron como madres que les gritan a sus hijos, salgan con el desafío de *tomar mejores decisiones*. Si llegaron como esposas que no honran a sus maridos —como debería ser—, *márchense renovadas con nuevas perspectivas*. En cualquier área que estén débiles, dejen que Dios llene sus vacíos este fin de semana y les dé el poder para salir cambiadas. Experimentar un cambio de vida no es una cuestión al azar, es una cuestión de *decisión*; es cuestión de elegir los caminos de Dios en vez de los de ustedes».

Con lágrimas en los ojos, esa querida mujer me abrazó y me agradeció por darle la esperanza de que las cosas pudieran ser diferentes y el permiso para que ello sucediera. Unos meses más tarde, recibí un correo electrónico de ella diciéndome que literalmente se fue a casa y trazó una línea en el suelo. Vivía en New Hampshire, así que, en vez de trazar la línea en la arena, en el momento en que conducía en el camino de entrada a su casa, agarró un palo de hockey y trazó una línea en la nieve. Se paró detrás de su línea y se detuvo. No quería hacer esa declaración sola, así que tocó el claxon de su auto hasta que su esposo y todos sus hijos salieron a saludarla. Entonces les indicó que vinieran a su lado y se colocaran detrás de la línea con ella.

Conteniendo las lágrimas, les dijo que sabía que no había sido la mujer de Dios que quería que fuera, ni la esposa ni la madre que ellos se merecían. Pero durante el fin de semana, Dios le había mostrado algunas verdades asombrosas, por lo que estaba tomando la decisión de cambiar. Con eso, toda su familia se agarró de la mano y cruzaron la línea juntos. ¡Dejar todo es realmente un primer paso poderoso!

¿Acaso su vida ahora iba a ser perfecta? ¡No! Sus circunstancias iban a ser las mismas cuando volviera a cruzar el umbral, pero ahora ella era diferente. Ella estaba cambiando. Estaba decidida a honrar a Dios y comenzar a practicar una vida que requería fe. Tendría que depender de Dios como nunca antes.

### Tu nuevo nombre

¿Qué debes dejar atrás? ¿En qué modo cambiarías como resultado de abandonar aquello que quieres dejar? ¿Cuál será el costo? ¿Cuál será tu recompensa? Más adelante en esta sección, daremos un paseo con Abraham, que pasó por las cinco fases para cumplir con el llamado de su vida. Prestaremos especial atención a la fase de dejar las cosas. Abraham obedeció al dejar todo pero, en medio del viaje que emprendió, sucede algo importante. Quiero señalar esto mientras haces estas preguntas difíciles acerca de «dejar las cosas».

> Cuando Abram tenía noventa y nueve años, el Señor se le apareció y le dijo: —Yo soy el Dios Todopoderoso. Vive en mi presencia y sé intachable. Así confirmaré mi pacto contigo, y multiplicaré tu descendencia en gran manera. Al oír que Dios le hablaba, Abram cayó rostro en tierra, y Dios continuó: —Este es el pacto que establezco contigo: Tú serás el padre de una multitud de naciones. Ya no te llamarás Abram, sino que de ahora en adelante tu nombre será Abraham, porque te he confirmado como padre de una multitud de naciones. Te haré tan fecundo que de ti saldrán reyes y naciones (Génesis 17:1-6).

Ahora bien, para pintar el telón de fondo de lo que había estado sucediendo en la vida de Abraham, recordemos que había sido desobediente a Dios. Trece años antes había tenido un hijo con la sirvienta de su esposa. Estaba tratando de hacer realidad el sueño que Dios había plantado en su corazón a través de sus propios esquemas y planes, por su propio esfuerzo. Abraham había perdido de vista la capacidad de Dios para cumplir su promesa. Así que Dios restableció la promesa, reformuló la visión y le dio nueva vida al sueño de Abraham. Dios le dijo que eso ya estaba hecho. Mira estas palabras: «Te he confirmado como padre de una multitud de naciones». No te *haré* padre de muchas naciones, porque *eso ya lo hice*. En otras palabras, Dios le dice a Abraham que él tiene todo bajo control.

¿Captaste la oración anterior? Dios le da a Abraham un nuevo nombre. Antes de ese encuentro del pacto restablecido, era llamado Abram; pero cada vez que se le menciona después es por su nuevo nombre. *Abraham* significa «padre de muchos».

Dios le cambió el nombre a Abraham y también a ti. Cuando pasas por la fase de dejar las cosas, se te pide que dejes todo atrás. Pero no sales de ese lugar con las manos vacías. Vas equipada con un nuevo nombre. Yo solía ser Lysa, una mujer quebrantada, insegura e incapaz. Pero cuando decidí dejar eso atrás y caminar con Dios, me convertí en Lysa, ¡una mujer santa, elegida y equipada por Dios con un sueño! ¡No veo hacia atrás! Equipada con tu mapa y ahora enfocada hacia adelante, estás más cerca de lo que piensas de la fe que siempre quisiste.

# Estudio bíblico personal

**1. Lee Hebreos 11.**

Nos referiremos a este capítulo a lo largo de este libro, pero quiero que tomes un momento para leerlo en su totalidad. Este capítulo se conoce como «el salón de la fama de la fe». Al comenzar juntas este viaje de fe, los relatos de este capítulo te inspirarán y te alentarán. Anota los nombres que aparecen en Hebreos 11 en tu cuaderno. ¿Qué sabes ya de ellos? ¿Eran personas perfectas o estaban plagadas de debilidades humanas? ¿Tomaron todas las decisiones correctas o sus malas decisiones se convirtieron en parte de su proceso de aprendizaje? ¿Los eligió Dios porque eran santos perfectos o eran personas comunes que confiaban en él? Permite que este capítulo te ministre al reflexionar sobre las personas muy imperfectas que Dios ha usado en el pasado para hacer grandes cosas. ¡También puede usarte a ti!

**2. Lee Isaías 43:16-19; Filipenses 3:12-14.**

Caminar en o por fe incluye dejar atrás el pasado. En el primer capítulo, mencionamos los planes de Satanás para derrotarnos y separarnos de Dios. Una de sus principales tácticas es utilizar nuestros errores pasados para lesionarnos. Él es tan astuto que mantiene nuestro pasado sobre nuestra cabeza, haciéndonos sentir inútiles, ineficaces e indignas. Pero Dios quiere hacer algo nuevo dentro de ti. Él quiere que sigas adelante, avanzando hacia la tierra prometida que puso ante ti, olvidando los fracasos del pasado. Si bien todas debemos recordar el Egipto del que Dios nos ha librado, debemos cambiar nuestro enfoque, desechar ese viejo espejo retrovisor y buscar con oración la dirección suya a la vez que emprendemos nuestro caminar con él.

Después de leer los versículos de Isaías, enumera algunos de tus arroyos en el desierto.

¿En cuanto a qué dice Filipenses 3:12-14 que nos esforzamos?

**3. Lee el Salmo 147:4; Isaías 62:2-3; Apocalipsis 3:11-12.**

Abraham, como veremos, finalmente tiene un hijo llamado Isaac. El nombre Isaac significa «risa» porque Abraham y Sara se rieron cuando el Señor les dijo que iban a tener un hijo en su vejez (Génesis 17:17; 18:12). Los nombres significan mucho para el Señor. Por eso cambió los nombres de Abraham y Sara. Le dijo el nombre de Isaac a Abraham antes de que fuera concebido. También designó el nombre de todos los nombres de su único Hijo, Jesús. Cuando nos unimos a la familia de Dios, él escribe nuestros nombres en el Libro de la Vida. Al designarnos como sus amados hijos, podemos reclamar nuestros nuevos nombres, los que él ha grabado en las palmas de sus manos (Isaías 49:16). ¿Sabes el significado de tu nombre? Investiga hoy para que descubras qué significa. Escribe el significado de tu nombre en tu cuaderno y trata de encontrar un versículo que se relacione con el significado de tu nombre. Escribe también el versículo y dedica tiempo a pensar en cómo se aplica a tu vida y al plan de Dios para ti.

# Dios tiene un plan

Al perseguir mi sueño, he experimentado varias veces la fase de dejar así como todas las demás fases de la fe. Pero cada vez que eso pasa, Dios me lleva a una fe más fuerte que la que tenía antes. Ese es el plan de Dios, ¿sabes? Su objetivo final es hacernos crecer para que seamos cada vez más como su Hijo, que tuvo una fe extraordinaria. Siempre debo tener esto presente porque, por alguna razón, Dios no parece querer hacer las cosas a mi manera ni en el tiempo que yo quiero. Por tanto, para dejar algunas cosas atrás, debemos saber que Dios tiene un plan y *confiar* en su plan.

Al hacerlo, descubriremos que debemos dejar atrás nuestra antigua identidad. Acabamos de aprender en el capítulo dos que Dios nos ha dado un nuevo nombre, pero a veces tratamos de poner nuestro nuevo nombre en nuestra antigua identidad. Tuve que aprender a dejar mis percepciones erróneas de mí misma y la amargura de mi pasado. Curiosamente, me había aferrado a ello como un manto de seguridad. Estaba acostumbrada a operar en un ámbito privado, manteniendo a todas las personas a una distancia segura. Siempre pensé que estar en el ministerio significaba mostrar una fachada de perfección. Solo entonces sería una sierva calificada de Dios. Rápidamente aprendí que las personas no se impresionan con la perfección falsa, al contrario ¡se desmotivan y se intimidan por ella!

Dios quería que yo fuera franca y auténtica. Esa iba a ser mi identidad. Quería hacer brillar su gracia, su misericordia, su amor y su redención a través de mis faltas, fracasos y debilidades. Quería hacerme fuerte con su fortaleza. Quería ser glorificado en todo lo bueno que surgiera de mis esfuerzos ministeriales.

Como ya mencioné, mi sueño, el ministerio que Dios me dio, comenzó muy pequeño, justo dentro de las paredes de mi casa. Con el tiempo, Dios me llevó a una señora que sentía pasión por escribir un boletín para animar a las mujeres. Acepté ayudarla a escribir y promover el pequeño escrito. Las suscripciones al boletín aumentaron y surgieron otras oportunidades para el ministerio. Nuestra estación de radio cristiana local nos invitó a salir al aire para dar breves pensamientos devocionales. A partir de ahí comenzamos a recibir invitaciones para hablar en grupos pequeños. Entonces, con las rodillas temblorosas, una voz estremecida y algunos de los contornos más tristes que jamás hayas visto, reservé mis primeros compromisos para unas charlas pequeñas. De alguna manera, las damas se emocionaron y el ministerio siguió creciendo.

**Una idea brillante**

Al fin, tuve la brillante idea de escribir un libro. Escribí mis bosquejos en forma de capítulos, pensé en algunos títulos atrayentes de esos capítulos, arreglé una hoja como si fuera la portada y la pegué como primera página y llamé a eso «propuesta de un libro». Una amiga mía, Sharon Jaynes, y yo nos dirigimos ingenuamente a la Convención Internacional Anual de la Asociación Cristiana de Libreros, esperando encontrar un editor ansioso por publicar los libros propuestos. Después de todo, la parte más difícil de publicar un libro era escribirlo, ¿lo crees? Bueno, rápidamente aprendí que eso no podría estar más lejos de la verdad. La ola de cartas de rechazo que llenaron mi escritorio en los meses que siguieron a la conferencia frustraron mis grandes esperanzas y grandes sueños.

¿Había escuchado mal a Dios? Realmente sentí que me había dicho que escribiría libros que ayudarían a las mujeres. Así que intenté hacer realidad el sueño con mi propia fórmula y eso fracasó estrepitosamente. En mi propio razonamiento, había planeado el viaje a la convención pensando que, si necesitaba encontrar un editor, sería mejor que fuera donde estaban los editores. Pero mis esfuerzos no produjeron más que desilusión.

Dios tenía un plan para mí. Pero su plan empezó mucho más pequeño que el mío. Me abrió las puertas para escribir artículos más pequeños para más boletines y algunas revistas. Pero había recompensas por hacer el ministerio a la manera de Dios. Nunca olvidaré la primera vez que vi mi nombre como autora de un artículo publicado. Dios también podría haber abierto las puertas de la biblioteca y decirme que contara los libros si podía, porque esa es la cantidad de libros que al fin surgirían de Proverbs 31 Ministries. No es que los escribiría todos, sino que las mujeres de todo el mundo captarían una visión para escribir sus mensajes y yo podría contribuir animándolas para hacerlo.

Creí que Dios algún día me daría la oportunidad de escribir un libro, y me comprometí a esperar en él. Ya no iría tras los editores; esperaría hasta que Dios me trajera uno. Agarré las propuestas de mis libros, las guardé en un archivo, cerré la gaveta y agradecí a Dios de antemano por lo que algún día sucedería. *Yo creí.* Elegí abrazar la fase de dejar todo y confiar en Dios.

## Éxitos de la realidad

Tres años después, escribí un artículo para una publicación financiera. Para ser completamente franca, pensé que era uno de los peores artículos que había escrito. Pero el artículo llegó a manos de un editor que lo leyó, le encantó y me ofreció un contrato para un libro. ¡Solo Dios podía hacer tal cosa! Creo que Dios quería asegurarse de que yo supiera que el contrato de un libro tenía mucho menos que ver conmigo y mucho más con que él obrara a través de mí, en su tiempo.

Estaba haciendo las cosas bien en todos los lugares a los que iba. ¡Dios lo hizo! ¡Dios realmente lo hizo! Me sentía flotando en el aire. Iba a ser una escritora publicada. Me sentía extraordinariamente emocionada, hasta que una cruda realidad me golpeó: conseguir un contrato para un libro es una cosa, pero en realidad escribir el libro —las cincuenta mil palabras— es otra completamente distinta. ¿Estaba loca? ¿Por qué quería eso? ¿Podría alguien recordármelo? ¿Sabía cincuenta mil palabras? ¿Sabía siquiera mil palabras que de alguna manera podría agrupar cincuenta formas diferentes?

Aunque estaba asustada e insegura, comencé a recopilar citas e historias. Asumí una posición de escritora y escribí mecánicamente mis primeras diez mil palabras. Me recosté de puro placer, dándome cuenta de que cumpliría con la primera fecha límite de mi editor. Tenía que enviarle esa primera sección del libro para su aprobación antes de continuar. Como una orgullosa mamá de un bebé recién nacido, nerviosamente dejé que alguien más abrazara a mi pequeña querida. No podía esperar a escuchar su brillante informe de lo hermosas y llenas de promesas que eran mis palabras. Sin embargo, lo que recibí fueron dos páginas de correcciones que podrían resumirse en tres palabras trascendentales: ¡Empiece de nuevo!

Me dejé caer en el piso junto a mi computadora, enterré mi rostro en la alfombra y lloré en voz alta. ¡Ah, cómo duele este rechazo! Había abrazado la fase de dejar y me emocionó seguir adelante. Ese fue un llamado para volver a dejarlo todo. Eso destruyó mi percepción de lo que Dios estaba haciendo. Me recordó una vez más que debo *dejar* algo atrás para poder seguir adelante.

## Mis planes y el plan de Dios

Me di cuenta de que tenía dos opciones. Podría aferrarme a mi sueño y sofocarlo hasta la muerte, o podría liberarlo y dejar que mis propios intentos por hacer la obra de Dios se derrumbaran. Elegí lo último, incluso a pesar de mis lágrimas. Con toda la fe que pude reunir, puse mi libro en las manos de Dios, y solo entonces lo entendí. Dios me estaba llamando a simplemente dejar mi deseo de escribir un libro en el altar.

Dios sí requirió un sacrificio, pero no fue todo el proyecto del libro. Me dejó usar un sacrificio sustituto. Mi sacrificio sustituto fueron mis primeras diez mil palabras. La recompensa fue un libro en el que hallé mi lugar como amiga de mis lectores más que como una experta.

El plan de Dios era perfecto, por lo que cuando dejé mis planes atrás, Dios me permitió participar en los suyos. Al reflexionar en el pasado, pienso que no lo hubiera querido de otra manera. Todavía recuerdo que tuve en mis manos ese primer libro publicado. Ver mi nombre en la portada, hojear las páginas y ver las huellas dactilares de Dios en todo ese proyecto me hizo llorar. Insisto, se me recordó que lo que tenía que ver con el libro no era realmente que se publicara. Eso fue solo un aparte, un beneficio adicional. El verdadero tesoro fue caminar con Dios a través del proyecto. Que se recuerde primeramente que Dios sí tiene un plan. No es solo un buen plan. Ni siquiera un plan realmente bueno. Dios tiene el plan perfecto.

Mi nueva voz también cambió otros aspectos de mi ministerio. Deseché los esbozos astutos y tristes de las charlas que había estado dando y los cambié hablando de mi verdadero yo, la imperfecta, desesperada por Dios. Dios honró mi obediencia y continuó desarrollando un plan que nunca podría haber imaginado.

Proverbs 31 Ministries se ha convertido en un ministerio internacional de mujeres con un equipo de ellas dedicadas a la visión de Dios que han captado. Los pensamientos devocionales se han transformado en un programa de radio diario que se escucha en más de mil estaciones. El pequeño boletín es ahora una revista mensual a todo color de dieciséis páginas. Contamos con más de veinte oradoras que llevan el mensaje de este ministerio por todo el mundo. ¿Y ese sueño de vastas palabras? Las mujeres asociadas con Proverbios 31 Ministries han publicado 21 libros y hay más en camino.

### Gente de todos los días

Me quedo modestamente asombrada. Mis compañeras de equipo se quedan recatadamente asombradas. Todas somos mujeres comunes y corrientes. Dios ciertamente no nos necesita para hacer este ministerio, pero nos permite ser parte de él. Dios tiene una asignación ministerial para ti y quiere que te unas a él. Pronto, tú también quedarás asombrada.

En cada uno de mis conferencias, coloco una mesa para libros. Cada título es un recordatorio para mí. Puede parecer un pequeño paquete de páginas y palabras envuelto en una portada, pero para mí es mucho más. La pequeña semilla de un sueño para escribir libros que ayudarían a otros ha brotado y florecido. Estos libros llevan los mensajes que Dios me ha dado a mí y a las otras mujeres de mi equipo a lugares a los que nunca podríamos ir. Son sus palabras. él nos las prestó. Utiliza estas palabras para inspirar, animar, enseñar y ayudar a otras personas. ¡Son una prueba viviente de que caminar con Dios realmente te lleva a lugares asombrosos! ¿Estás lista para aventurarte en tus propios lugares únicos y emocionantes?

Comprométete a dejar atrás tu plan, aférrate a la mano de Dios y agárrate fuerte... el viaje acaba de comenzar.

# *Estudio bíblico personal*

**1. Lee Nehemías 9:7-8; Hechos 3:25; Gálatas 3:6-9.**

Como ya hemos visto en Hebreos 11, Dios no busca personas perfectas para hacer su obra. Al principio creí erróneamente que necesitaba ser perfecta para servir a Dios con eficacia. Creo que muchas personas creen en la mentira de que deben alcanzar la perfección para comenzar una vida de fe. Pero aprendí que Dios usa nuestras imperfecciones y nuestra voluntad de compartir nuestros errores para llegar al corazón de los perdidos. Mientras hablo con mujeres de todo el país, les cuento mis errores, mi torpeza y mis momentos más vergonzosos. Mientras les hablo, observo. Veo sus risas dar paso al alivio. Esas mujeres parecen estar diciéndose a sí mismas: Si Dios puede usarla a ella, ¡seguramente puede usarme a mí! ¿Estás esperando hasta llegar a la perfección para salir a servir a Dios? ¿Tienes miedo de mostrar tu verdadero yo por temor a que dificulte tu ministerio? No temas empezar donde estás y ser lo que eres. ¡Bienaventuradas las transparentes, porque Dios las usará de manera poderosa! ¿Cómo podría Dios usarte, con debilidades y todo, para ministrar a otras personas?

**2. Lee Juan 10:9; Apocalipsis 3:7-8.**

Cuando me esforcé de acuerdo a mi propio plan, Dios no parecía estar abriendo ninguna puerta. Luché contra las frustraciones que cuestionaban mi vocación. Quería que todo saliera bien y que sucediera de acuerdo a mi itinerario. Le mostré mi plan a Dios esperando que me complaciera. Lo que no supe fue que él es la puerta. No se trataba de que yo marcara mi lista de logros por alcanzar, sino que debía acercarme más a él. Mientras eso sucediera, él abriría una puerta que nadie podría cerrar. Cuando pensé que no se estaba moviendo fue, en realidad, el momento en que se movió en mi corazón. Mientras guardaba su Palabra y proclamaba su nombre, él me estaba preparando para cruzar la puerta. No cambiaría ese tiempo por nada mientras sirvo en el ministerio ahora. Él usó ese tiempo para prepararme con el fin de que cumpliera con mi llamado y me preparara para llegar a las mujeres que necesitaban escuchar mi historia.

¿Qué encuentran las ovejas cuando entran por la puerta de Jesús?

¿Cómo te anima esto?

**3. Lee Josué 24:14-15; Salmos 68:6; 113:9.**
En este capítulo, dije que mi ministerio comenzó dentro de las paredes de mi hogar. Nunca ha sido eso más claro para mí que cuando reflexiono sobre el plan de Dios para mi vida. Él supo darme exactamente los padres, hermanas, esposo e hijos que me concedió con el objeto de prepararme específicamente para mi llamamiento. Sé, sin lugar a dudas, que no sería la persona que soy sin esas personas como parte de mi fundamento. Contribuyeron al crecimiento de mi carácter y desempeñaron papeles protagónicos en mis dramas familiares. Doy gracias a Dios por su influencia en mi vida a lo largo de los años, para bien y para mal. Dios te ha colocado exactamente donde estás de acuerdo con sus propósitos. Dale gracias por eso hoy. Comprométete a no insistir en el modo en que algunas de esas personas te han defraudado, escribe eso. Agradece a Dios por usar a las personas de tu familia para ayudarte a modelarte y moldearte para su llamado.

# Cuatro

## Ama a Dios más que a tu sueño

Cuánto nos parecemos a los hijos de Israel. El Antiguo Testamento narra la historia del pueblo hebreo y las lecciones que tuvieron que aprender a las malas. Tuvieron que aprender una y otra y otra vez a dejar algunas cosas atrás.

Caminar con Dios te llevará a lugares asombrosos, aunque no siempre serán los que esperabas; además, el camino no siempre será fácil. A fin de ayudarte a prepararte para las cosas que aprenderás, verás y experimentarás en este viaje, quiero explorar algunas ricas verdades bíblicas, comenzando con las historias de Abraham y continuando hasta la liberación de los hijos de Israel.

Al comenzar con Abraham en una de sus primeras conversaciones con Dios, no debería sorprendernos que Dios lo llamara a que dejara su tierra. Génesis 12:1-2 dice: «El Señor le dijo a Abram: *Deja* tu tierra, tus parientes y la casa de tu padre, y *vete* a la tierra que te mostraré. Haré de ti una nación grande, y te bendeciré; haré famoso tu nombre, y serás una bendición». El versículo 4 continúa diciendo: «Abram partió, tal como el Señor se lo había ordenado».

Lo sorprendente es que Abraham tuviera que alejarse de todo lo que le resultaba cómodo: su familia, sus amigos y su estilo de vida adinerado, para que así obtuviera las bendiciones del Señor.

Y apuesto a que lo que Abraham entendió en cuanto a convertirse en una gran nación y ser bendecido fue mucho menor que la asombrosa visión de Dios.

Lo mismo es cierto para nosotras también. Nuestros pensamientos sobre cómo quiere Dios usarnos son demasiado pequeños. Por eso dudamos en dejar atrás nuestras viejas costumbres. Si pudiéramos saborear las delicias que nos esperan en la tierra prometida, dejaríamos todo atrás sin dudarlo... y, sin embargo, Dios no obra de esa manera. Debemos optar por dejar todo *primero*. Debemos ver por fe las recompensas que tenemos por delante y luego avanzar hacia ellas. ¿A qué te podría estar instando Dios que dejes? Verifica tu respuesta con las siguientes preguntas:

- ¿Se alinea con las Escrituras?
- ¿Haría que me pareciera más a Cristo en mis pensamientos y acciones?
- ¿Siento paz en mi corazón acerca de esto cuando oro?

Al responder, te sugiero que pases un tiempo en oración pidiéndole a Dios que te muestre sus respuestas, luego recuerda buscar las confirmaciones de él a lo largo del día y escríbelas. Esas confirmaciones resultarán invaluables a medida que avanzas hacia la siguiente fase que llega poco después de dejar todo: la fase que llamo hambruna... y el tema de los próximos cuatro capítulos.

## Una hambruna en la tierra

Al finalizar nuestros capítulos sobre la fase de dejar todo, quiero alertarlas brevemente sobre las fases futuras para que vean cómo se desarrollan naturalmente, una tras otra, a medida que Dios hace realidad los sueños. Cada nueva fase se deriva de la anterior y es una parte continua de nuestra vida de fe. Nunca llegaremos a una parada final en esta vida. Siempre somos peregrinas aquí, esperando nuestro descanso final en el cielo. Pero hasta entonces, estamos llamadas a participar con Dios en el cumplimiento de un sueño de vida… su plan para nosotras.

Por tanto, cuando se cierra la fase de dejar todo, comienza otra: la fase de la hambruna.

Génesis 12:10 dice: «En ese entonces, hubo tanta hambre en aquella región que Abram se fue a vivir a Egipto». Cuán desconsolado debe haber estado Abram para dejar todo lo que le era cómodo y mudarse a la tierra donde Dios prometió cumplir sus sueños, solo para tener que empacar y mudarse debido a una hambruna severa.

En una travesía tan decepcionante, tus raíces no solo se hacen más profundas, sino más amplias. No dudes en adivinar lo que Dios está haciendo. Más bien, busca formas de profundizar en su Palabra, su carácter y su fidelidad en este tiempo. Cultivar raíces profundas no es fácil. Es mucho más fácil quitar la tierra poco profunda y brotar fuera de la superficie, pero las raíces que crecen hacia afuera no anclan al árbol ni sostienen su crecimiento a lo largo de los años. Isaías 61:3 dice: «Serán llamados robles de justicia, plantío del Señor, para mostrar su gloria».

En el tiempo de hambruna tendremos que cavar profundo, sacando nuestro sustento de la Palabra de Dios. Ninguno de nuestros héroes bíblicos escapó de la fase de hambruna antes de ser usado por Dios de una manera poderosa. Noé dejó todo para subir al arca y luego tuvo que soportar el diluvio. Rut salió de los banquetes de Moab para recoger el trigo sobrante del campo de otra persona. David dejó las tiernas ovejas para enfrentarse al feroz Goliat. Los discípulos se fueron con Jesús solo para descubrir que no iba a ser un rey terrenal sino un Salvador crucificado. Abraham experimentó una hambruna física pero también tuvo hambre de sueños.

*Dios es fiel en la hambruna*

Dios había prometido hacer de Abraham el padre de una gran nación, pero su esposa, Sara, no había podido concebir. Cuán desconsolados deben haber estado Abraham y Sara para que Dios plantara en sus corazones ese asombroso sueño de una familia, solo para ver pasar los años sin hijos que pudieran llamar suyos.

Entonces Abraham recurrió a Dios y le expresó su angustia. ¿Has acudido a Dios y has derramado tu corazón ante él? Recuerda, este viaje será mucho menos sobre los lugares a los que algún día te llevará y mucho más sobre la relación que establezca contigo a lo largo del camino. Dios quiere que nos comuniquemos con él todos los días a través de cada pensamiento, cada paso, cada victoria, cada derrota, cada duda y cada certeza.

En Génesis 15:5-6, Dios vuelve a presentar la visión a Abraham, asegurándole que sucederá y para ello le da una ilustración visual de cuán grandes son los sueños de él para nosotros. Dios sacó a Abraham afuera y le dijo: «Mira a los cielos y cuenta las estrellas; si es que puedes contarlas... así será tu descendencia».

¡Vaya! Qué cuadro. Qué destino. Qué gran promesa. Y el versículo 6 incluye una oración que hizo que mi corazón saltara. Abraham había estado caminando en obediencia desde que Dios lo llamó, pero nunca proclamó que realmente creía en el sueño de Dios para él. Pero aquí es donde se le atribuye, no por hacer algo, sino por establecer en lo profundo de su corazón que se podía confiar en Dios puesto que Abraham sabía que Dios sería fiel. «Abram creyó al Señor, y le fue contado por justicia».

## Creer y ver

Después de haber dejado todo y pasar tiempos de hambre, llega la fase en la que aprendemos a creer en Dios. Debemos estar atentas a sus hermosas confirmaciones y designaciones divinas, porque estarán allí si estamos dispuestas a buscarlas. No debemos permitir que la hambruna nos perturbe de manera que perdamos esa maravillosa nueva fase que es creer realmente y dejar que esa creencia se asiente incluso en lo más profundo de nuestro corazón. Este tiempo de fe es vital, ya que nos ayudará a superar otros tiempos difíciles por venir. Nos recordará, nos asegurará, consolará y motivará a confiar en Dios en todas las circunstancias, incluso en la fase de la muerte que se avecina.

## La muerte del sueño

Luego Abraham experimentó la fase de la muerte, poco después de que Dios finalmente lo bendijo con el hijo tan esperado, Isaac. Probablemente cuando Isaac estaba a punto de convertirse en adolescente, Dios llamó a Abraham para que lo entregara. El sueño estaba a punto de realizarse por completo, pero ahora la muerte se asomaba en el horizonte. Génesis 22:2 dice: «Toma a tu hijo, el único que tienes y al que tanto amas, y ve a la región de Moria. Una vez allí, *ofrécelo como holocausto* en el monte que yo te indicaré».

Creo plenamente que Dios hizo que Abraham pasara por esa impactante prueba de obediencia para ver qué era primero para él: su sueño o su Dios. Estamos tentados a dar una respuesta rápida y dejar atrás esa incómoda pregunta sin pensar en ella lo que merece. Este es un asunto serio para Dios. Rápidamente tomamos posesión de nuestras esperanzas y sueños, y no queremos devolverlos nunca. Como un niño de dos años egocéntrico, gritamos: «Mío. Mío. Mío». Dios no puede permitir nunca que ese sea el clamor de nuestro corazón. Nuestro corazón debe latir al mismo tiempo que el de Dios. La única manera de que eso suceda es que constantemente le llevemos nuestro sueño con las manos abiertas y declaremos voluntariamente: «Es tuyo. Tuyo. Tuyo». Antes que Abraham soñara con ser padre de una gran nación ya Dios había soñado con eso. Dios también es el autor de tu sueño. Pero no es solo el autor del sueño, también es el perfeccionador (Hebreos 12:2). Nuestro trabajo no es resolverlo todo, manipularlo para que exista, hacer los contactos, protegerlo ferozmente y reclamarlo inquebrantablemente. Dios lo inició. Dios es fiel y más que capaz. Dios lo terminará.

### El Señor proveerá

«Abraham se levantó de madrugada y ensilló su asno. También cortó leña para el holocausto y, junto con dos de sus criados y su hijo Isaac, se encaminó hacia el lugar que Dios le había indicado» (Génesis 22:3). Abraham no vaciló. Creyó en Dios aunque eso significara la muerte. Se levantó temprano e hizo del mandato de Dios la prioridad del día. Estoy segura de que, aunque sus pies caminaban obedientemente, le dolía el corazón por la promesa tranquilizadora. En algún momento del trayecto a la montaña, creo que Dios le aseguró que tenía todo bajo control y que Abraham podía confiar en él por completo. Cuando Abraham fue a llevar a Isaac al altar, dijo algo muy sorprendente a los siervos que se quedaron atrás: «Adoraremos y luego volveremos a ti» (Génesis 22:5).

¿Cómo supo Abraham que tanto él como Isaac regresarían? ¿Fue solo una ilusión? ¿Estaba tratando de resguardar a los sirvientes de la aterradora verdad? ¿O confiaba en que, si Dios permitía que el sueño muriera, ciertamente también podría resucitarlo? Dios proporcionó un carnero como sacrificio para Abraham, y también lo proporciona para cada una de nosotras.

A ese sitio Abraham le puso por nombre: «El Señor provee». Por eso hasta el día de hoy se dice: «En un monte provee el Señor». El ángel del Señor llamó a Abraham por segunda vez desde el cielo, y le dijo:

— Como has hecho esto, y no me has negado a tu

único hijo, juro por mí mismo —afirma el Señor— que te bendeciré en gran manera, y que multiplicaré tu descendencia como las estrellas del cielo y como la arena del mar. Además, tus descendientes conquistarán las ciudades de sus enemigos. Puesto que me has obedecido, todas las naciones del mundo serán bendecidas por medio de tu descendencia» (Génesis 22:14-18).

Solo Dios puede dar un sueño así y solo Dios puede hacerlo realidad.

## Resurrección

La fase final, que exploraremos con más detalle en los capítulos 17 al 20, es la gloriosa resurrección. Es el cumplimiento de lo que Dios ha prometido y experimentado por sí mismo. Nuestra mayor satisfacción vendrá cuando nos asombremos por lo que Dios logra cuando simplemente caminamos en fe.

Qué apropiado para el sueño de Abraham con una gran nación y también para nuestros sueños. «Por eso hasta el día de hoy se dice: "En un monte provee el Señor"» (Génesis 22:14).

# Estudio bíblico personal

**1. Lee Hechos 7:1-8.**

Este es un relato del Nuevo Testamento acerca de la historia de Abraham. Este sermón, predicado por Esteban poco antes de ser apedreado, es el más largo registrado en Hechos. ¿Por qué crees que Esteban se toma el tiempo para contar la historia de Israel a su audiencia? ¿Cuál es su objetivo al recordarle a la gente estas historias de su pasado?

**2. A medida que la iglesia cristiana crece,** Esteban les recuerda a los judíos su relación de pacto con Dios. Al recordarles la fe de sus antepasados, también les recuerda la respuesta de los patriarcas al llamado de Dios a sus vidas. ¿Cuál fue su respuesta?

**3. Ahora lee Génesis 12:4-9.**

¿Cuál fue la respuesta de Abram a Dios?

Escribe en tu cuaderno el versículo que mejor exprese la respuesta de Abram a Dios. ¿Es esta también tu respuesta a Dios?

**4. Si estás lista,** escribe una oración a Dios afirmando que este versículo es tu respuesta a él. Asegúrate de registrar la fecha en que hiciste esta oración. ¡Prepárate para lo que Dios hará en tu vida si haces esta oración!

**5. Lee Proverbios 18:24; Juan 15:13-15; Santiago 2:23.**

Dios anhela escuchar nuestras oraciones. Quiere llevarnos a su regazo y escuchar acerca de nuestro día, nuestro dolor, nuestras victorias. Algo sucede a través del proceso por medio del cual derramamos nuestro corazón ante él. A medida que nos comunicamos con él y dependemos de él, nos acercamos más a él. Es entonces cuando realmente se convierte en nuestro Amigo. Él quiere ser el primero al que recurramos cuando tengamos el corazón roto, el que busquemos con el fin de obtener sabiduría para resolver un problema, y el que nos elogie cuando triunfemos. Él es nuestro Consolador y Consejero, disponible las veinticuatro horas del día, a solo una oración de distancia. Podemos obtener mucha confianza al implementar esta verdad en nuestra vida de oración. Debido a que tenía una relación con Dios que se basaba en la fe, Abraham fue llamado amigo de Dios. Tenemos la misma oportunidad hoy. Qué gran amigo tenemos en Jesús, en verdad.

**6. Lee Jeremías 31:31-33.**

Una vez escuché a un maestro de la Biblia decir que este versículo era el número de teléfono de Dios. Dios ha emitido un nuevo pacto con nosotras a través de la salvación. Es un pacto eterno e inmutable iniciado por Dios debido a su gran amor por nosotras. Todo lo que pide es obediencia de nuestra parte. No tenemos que ser valientes, inteligentes ni ingeniosas. Ni siquiera necesitamos saber exactamente a dónde vamos, solo debemos saber a quién seguimos. ¿Saldrás como lo hizo Abraham, con un nombre nuevo y un corazón nuevo, uno que desee seguir a Dios en cada paso del camino, dejando lo familiar, lo cómodo en busca de lo mejor de Dios para ti? Escribe lo que sientas que Dios te está instando a dejar y pídele que te ayude a alejarte de esas cosas.

# FASE DOS

## La hambruna

# Cinco

# La aventura para la que fueron hechas nuestras almas

Hemos experimentado la fase de dejar todo y hemos salido con Dios. Por desdicha, no somos llevadas de inmediato a la tierra de las grandes promesas y los sueños cumplidos. Este nuevo lugar es polvoriento, desconocido e inesperado. Aquí es donde comienza la hambruna con su sequedad, su esterilidad y su incomodidad. En este nuevo lugar de sacrificio y entrega, Dios te sacará de tu rutina y aprenderás a depender de él como nunca antes.

Hacía un día caluroso dentro y fuera de la aldea de huérfanos en Liberia. Las elevadas temperaturas eran inevitables, pero al menos afuera soplaba un poco de brisa. A los niños que jugaban al fútbol en el campo no parecía importarles el calor, puesto que la emoción constante del juego los mantenía bastante distraídos. Los doce niños que permanecían adentro, practicando la música con su coro, notaban que sus ojos vagaban a menudo hacia el campo de fútbol, donde la promesa de diversión y los vítores de sus amigos los arrastraban. ¿Merecía la pena ser miembro del coro de niños y sacrificar su tiempo libre para jugar fútbol?

Ellos sentían el dolor de rendirse a su llamado, sacrificar su tiempo y salir de su comodidad. El hambre por la diversión los estaba golpeando con fuerza. Pero los doce chicos determinaron que el coro valía la pena, por lo que se mantuvieron fieles a la tarea que tenían entre manos. Otros chicos habían entrado y salido del coro, decidiendo satisfacer sus deseos inmediatos de diversión en vez de permanecer fieles a su llamado. Porque eso era un llamado.

Liberia fue devastada por una guerra civil que dejó más de veinticinco mil huérfanos a los que había que cuidar. Uno de los hombres llamados a esa abrumadora tarea fue el pastor Kofi. Para recaudar fondos y apoyar a los cientos de huérfanos bajo su cuidado, el pastor Kofi hizo que su hijo mayor formara un coro de niños a capela. Ese coro viajaría por todo el país de Liberia y actuaría en iglesias para solicitar apoyo. Poco sabían el pastor Kofi o los niños que se inscribieron para actuar en el coro que su visión era demasiado pequeña. Dios tenía un plan que esos muchachos nunca hubieran imaginado.

### Un paso de fe

Una mujer de la embajada estadounidense asistió a uno de los conciertos del coro liberiano. Su corazón se conmovió y decidió ayudar a los niños a completar el papeleo necesario para poder viajar a Estados Unidos. A través de la determinación inflexible de esa mujer y la intervención de Dios, los niños se dirigieron a Estados Unidos para celebrar una gira de conciertos.

Una vez allí, Dios continuó obrando milagros. Les presentó a un hombre de negocios para que dirigiera el coro y organizara varios conciertos. Pronto, estaban programados para cantar en más de ciento treinta iglesias en todo el sureste. A través de los conciertos, pudieron generar conciencia y apoyo de oración para su país de origen y suficiente dinero para alimentar y cuidar a los muchos niños que ingresaron a los orfanatos durante todo el año.

Los chicos del coro habían hecho grandes sacrificios, renunciando a su momento favorito del día jugando al fútbol para practicar su canto. La única promesa que tenían era que tendrían la oportunidad de viajar por su país de origen, Liberia, para animar a la gente en las iglesias. Pero, ¡oh, cómo bendijo Dios su sacrificio! Poco sabían que su paso de fe para honrar a Dios resultaría en que sus sueños más grandes se hicieran realidad.

## Los sueños se hacen realidad

A cada uno de los chicos de ese coro les sucedieron cosas asombrosas. Uno de ellos se llamaba Seebo. Cuando lo vi cantar por primera vez, me sorprendió que no pareciera estar cantando para la multitud de personas que estaba frente a él. No, su cabeza estaba inclinada y sus ojos se enfocaban en el único «Padre» que Seebo había conocido: su Padre celestial. La gran voz que sonaba como una trompeta, surgiendo de su pequeño cuerpo, derramaba canciones de alegría, esperanza, paz y amor. Aun cuando las circunstancias de su vida habían carecido de las cosas que traen gozo, esperanza, paz y amor a la mayoría de los niños, estas cualidades eran evidentes en su ser porque Dios reinaba ricamente en su corazón.

La alegría de Seebo no era una felicidad pasajera que llega en los días soleados y se desvanece rápidamente. Su esperanza no se basaba en un futuro brillante. Su esperanza estaba arraigada en Jesús y solo en él. Su corazón estaba lleno de paz y de amor a pesar de que no tenía una cama confortable en un hogar agradable con unos padres que lo arropaban con una oración y un beso cada noche. No tenía un hogar ni padres que pudiera llamar suyos, pero sabía que Dios era su Padre y tenía un hogar en el cielo. También sabía que Dios responde las oraciones de sus hijos, por lo que oró para que Dios le abriera un camino para encontrar una mamá y un papá.

Mientras tanto, David y Debbie se daban la gran vida. David acababa de ser ascendido a director ejecutivo de una importante empresa Fortune 500. Debbie era directora del ministerio de mujeres en una de las iglesias de más rápido crecimiento en su ciudad. Acababan de enviar a su segundo hijo a la universidad y había llegado el momento de hacer las cosas que esperaban. Habían planeado viajar más y terminar de decorar su casa; además, Debbie iba a volver a la escuela para obtener un título en consejería. Ambos eran oradores y maestros dotados, por lo que consideraron usar esos dones en algún tipo de ministerio juntos.

Todo eso se detuvo repentinamente cuando Dios trajo a Seebo y a su amigo a la vida de David y Debbie a través de la gira de conciertos. Al instante, David y Debbie se enamoraron de esos dos chicos, oraron por ellos y decidieron adoptarlos. Después que esos niños se asentaron, David y Debbie siguieron escuchándolos hablar sobre sus hermanos, sus hermanas y un amigo especial que todavía estaba en el orfanato. Pronto, esa pareja sola en casa se convirtieron en los orgullosos padres de ocho hijos, dos biológicos y seis adoptados de Liberia.

### Fe en medio de la hambruna

El pequeño Seebo había sido un niño olvidado en un país del tercer mundo devastado por la guerra. Pero era un chico que oraba, se mantuvo firme en su fe y fue obediente para atravesar todas las puertas abiertas que se le presentaban, por lo que aquel pequeño huérfano se convirtió en hijo de uno de los hombres de negocios más influyentes y poderosos de Estados Unidos. ¿Servimos a un gran Dios con grandes planes o qué? Ten la seguridad, amiga mía, de que ese mismo Dios extraordinario está buscando personas fieles a través de las cuales pueda revelar sus propósitos y sus caminos maravillosos.

La historia de Seebo nos presenta un desafío a todas. Cuanto más creamos realmente las verdades que Dios nos insta a creer, más arriesgaremos con él. Podemos superar los dolores del hambre y encontrar consuelo al saber que Dios tiene un buen plan aun en nuestra incomodidad. Sin embargo, la mayoría de nosotras nos sentamos en medio del hambre clamando por consuelo y seguridad. Incluso podemos volver a los charcos de barro que dejamos atrás. Mientras tanto, frente a nosotras están las aguas puras y turbulentas para las que nuestras almas se diseñaron con la capacidad de sumergirse. Un dulce lugar de completa confianza en Dios, gran fe y sueños hechos realidad están al frente. Y dentro de nosotras algo nos insta a sumergirnos y probar las riquezas de las profundidades. Algo en nuestro interior quiere creer que Dios también podría tener grandes cosas reservadas para nosotras.

Ahora bien, piensa por un minuto en el día aparentemente normal en el que Seebo decidió dejar su fútbol para ingresar al coro. ¿Crees que tenía alguna idea de que esa decisión de obediencia y sacrificio llevaría algún día a que sus mayores sueños se hicieran realidad? ¿Podría haber sabido que también afectaría profundamente el futuro de muchos otros niños? Lamentablemente, pienso en la multitud de cristianos que han decidido preferir la comodidad y vivir jugando antes que seguir adelante con la aventura para la que fueron hechas nuestras almas: vivir una vida que requiere fe.

## Una vida que requiere fe

Una vida que requiere muy poca fe no es una que Dios ha de usar. Cuando estamos dispuestas a embarcarnos en una vida que requiere fe, somos más conscientes de Dios y de su capacidad para proveernos en cada detalle de nuestra existencia. No esperaremos hasta tener todo en orden para luego decidir: *Está bien, ahora tengo tiempo para trabajar en cuanto a vivir por fe. Nunca* tendremos todo en orden y la fe no se puede obtener como una lata de refresco que se saca de una máquina. La fe se aprende a través de la vida. A través de los confusos e impredecibles eventos cotidianos, que a menudo nos hacen tropezar, nos damos cuenta de nuestra desesperada necesidad de Dios. He determinado que una vez que deje los pantanos del pasado, no miraré hacia atrás, independientemente de lo inclemente que sea la hambruna. Me enfocaré en lo que está por venir y encontraré gozo al saber que Dios siempre se manifiesta.

Hagamos un juego simple. Sin mirarlos, ¿puedes decir de quién es la cara que aparece en el billete de un dólar, el de cinco dólares y el de diez dólares? Hace poco les hice esta pregunta a más de mil personas en un servicio religioso. Luego les dije que levantaran la mano si podían decir sin sombra de duda las tres respuestas. La multitud miró a su alrededor para ver que solo tres individuos de cada mil levantaban la mano. Extraño, ¿no? Esos billetes pasan por nuestras manos a diario y, sin embargo, vivimos de manera inconsciente. ¿Sabías las respuestas?

Washington, Lincoln y Hamilton, en ese orden.

El asunto no es que debamos prestar más atención al dinero. El asunto es que debemos llegar al punto en que prestemos más atención a Dios cuando actúa en nuestra vida diaria. Si vivimos sin ver Dios en las cosas pequeñas, probablemente también vivamos sin notar su presencia en las cosas grandes. Cuán vitalmente importante es para nosotras entregar nuestro corazón a Dios y pedirle a diario que nos revele sus planes y perspectivas para que no dejemos de advertir su actividad y sus gloriosos planes para nuestro futuro.

Busca la actividad de Dios a tu alrededor todos los días. Tu perspectiva cambiará, tu fe cobrará una nueva emoción y comenzarás a caminar en dirección a los asombrosos lugares a los que Dios le emociona tanto llevarte.

# Estudio bíblico personal

**1. Lee Salmos 15; 24:3-6.**

¿Estás lista para escalar la colina de Dios con el fin de acercarte a él? Estos dos salmos revelan algunas de las cualidades del carácter que Dios busca en su pueblo. Aunque esas cualidades no son posibles en nuestra naturaleza carnal, con Dios podemos aspirar a ser justas porque él obra en nuestro interior. En tu cuaderno, anota las áreas particulares en las que te gustaría trabajar a lo largo de este estudio. Quizás tengas una amiga o alguien en tu grupo a quien podrías rendirle cuentas. Sobre todo, recuerda que esta lista es para inspirarte, no para abrumarte ni condenarte.

**2. Lee 1 Samuel 16:7.**

Dios mira tu corazón más que todo por él. ¡Cuán rápidos somos para condenarnos a nosotros mismos y pensar que nunca podremos estar a la altura! Dios te ve intentando. Él sabe cuándo estás haciendo lo mejor que puedes. Él vio a esos jóvenes de África hacer las decisiones que tomaron, las cuales honró y bendijo. Por supuesto, todos podemos trabajar en nuestro carácter y nuestras acciones mientras buscamos constantemente llegar a ser más como Cristo. Pero también debemos darle tiempo para que trabaje en nosotros de adentro hacia afuera, moldeando y dando forma a nuestro corazón de acuerdo con su diseño. ¿Cuáles son algunos de los problemas del corazón en los que necesita pedir la ayuda de Dios para trabajar? ¿Albergas falta de perdón hacia alguien? ¿Te acecha un pecado secreto? ¿Estás amargada con alguien que no cumple con tus expectativas? Derramas tu corazón al Señor en tu cuaderno. Pídele que te revele la verdad, pídele que limpie tu corazón y ora pidiendo sabiduría y valor para hacer lo que él te diga que hagas.

**3. Lee 2 Crónicas 1:11; Salmos 119:72; Jeremías 15:16; Romanos 10:1.**

¿Cuál es el deleite de tu corazón? ¿Es la sabiduría y el entender a Dios? ¿Te deleitas en su Palabra?

**4. Mateo 6:21 dice: «Donde esté tu tesoro, allí estará también tu corazón».** Mi pastor a menudo nos recuerda que es fácil saber dónde está el corazón de una persona; solo observa su chequera y su itinerario. ¿A dónde va tu dinero? ¿Dónde pasas tu tiempo? Dios anhela ser el deleite de tu corazón. El Salmo 37:4 dice: «Deléitate en el Señor, y él te concederá las peticiones de tu corazón». Decide deleitarte en él y confía en él para resolver el resto.

# Seis

## La extraordinaria invitación de Dios

Quizás leíste el capítulo anterior y pensaste: *Bueno, esa es una historia interesante, pero ¿qué tiene que ver conmigo?*

Bueno, déjame contarte el resto de la historia.

Dos de los adolescentes de ese coro, Jackson y Mark, habían quedado huérfanos cuando eran bebés debido a que sus padres, y la mayoría de sus hermanos, fueron asesinados por las fuerzas rebeldes. Esos bebés, junto con muchos otros, fueron llevados al orfanato, donde se les enseñó a orar, a tener fe ante la adversidad extrema y, a pesar de los tiempos de hambre y los ataques mortales de los rebeldes, mantener el gozo de Dios danzando en sus corazones.

Noche tras noche, esos niños se arrodillaban junto a sus camas improvisadas y derramaban oraciones de acción de gracias, esperando escuchar —algún día— siete palabras sencillas pero transformadoras: «Tú eres mi hijo, bienvenido a casa». Aunque no siempre podían ver la mano de Dios obrando, confiaban en su corazón y se regocijaban cada día con la más simple de las bendiciones.

Dios tenía un diseño perfecto para que sus oraciones fueran contestadas y obró milagro tras milagro para traer a esos niños a Estados Unidos.

Pero casi no me di cuenta de que Art y yo íbamos a ser parte de la respuesta a las oraciones de esos chicos. Nuestra vida era ajetreada y plena, y disfrutábamos de ser padres de tres niñas. Así que pueden imaginarse mi sorpresa la noche que fui al concierto del coro de niños en nuestra iglesia, solo para que la vida de nuestra familia cambiara para siempre.

## Conmovida y aterrorizada

Recuerdo cuando me senté en el concierto esa noche que, de la nada, Dios susurró a mi corazón que dos de esos chicos que cantaban en el frente de la iglesia eran míos. *Bien*, pensé. *Seguro*.

Tenía ganas de meterme los dedos en los oídos y cantar: *La, la, la, la, la ... ¡No te escucho, Señor!* Pero mi canción no disuadió al Señor, y la seguridad pareció hacerse más innegable. Decidí probar una nueva táctica con él. *Señor, vine aquí esta noche para llevar a mis hijas a un pequeño evento cultural. No busco un cambio de vida importante. Mi vida ya está muy llena con las conferencias, la escritura y la educación en casa de tres niñas. No tenemos NIÑOS en nuestra casa. Nosotros «pensamos en chicas», y mi esposo está de acuerdo con eso. Además, todos mis amigos pensarían que estoy loca y mi esposo nunca creería que es una buena idea.*

Dios no se desanimó por mi respuesta. De hecho, la conmoción que causó en mi corazón se hizo más y más intensa a medida que avanzaba la noche. Después del concierto, le pregunté a uno de sus directores cuál de los chicos todavía necesitaba un hogar (solo para poder orar por ellos). Me dijo que ocho de los doce niños todavía necesitaban encontrar familias que los adoptaran. Me animó a que caminara hacia el área de recepción donde los niños saludaban a la gente. Si Dios tenía la intención de que algunos de esos niños fueran nuestros, estaba segura de que yo lo sabría.

Entré a regañadientes en el área de recepción y, en cuestión de segundos, dos chicos —Jackson y Mark— se acercaron a mí, me abrazaron y me dijeron mamá. Estaba conmovida y aterrorizada al mismo tiempo.

¿Cómo podría llamar a Art y lanzarle esa bomba? Ni siquiera consideraría traer a casa una nueva mascota sin consultarlo con él, entonces, ¿cómo iba a explicar que dos niños del otro lado del mundo me llamaran mamá?

Fuimos la última familia en salir del concierto. Mis niñas y yo nos despedimos de los niños con un abrazo y comenzamos a caminar hacia casa. Agarré mi teléfono celular y con manos temblorosas llamé a Art.

## ¿Cómo? ¿Por qué?

Clamamos a Dios varias semanas, desesperados por su guía y su sabiduría. Hablamos con nuestros amigos y nuestros padres, y la mayoría de ellos pensaban que estábamos un poco locos. Consideramos cada aspecto del asunto y luchamos con la decisión en lo profundo de nuestro espíritu. Las preguntas de Art se centraban más en los aspectos del *cómo*. ¿Cómo podríamos aumentar económicamente el tamaño de nuestra familia? ¿Cómo encontraríamos el tiempo en nuestro horario ya abarrotado? ¿Cómo criaríamos a los niños? ¿Cómo podríamos proteger a nuestras chicas? ¿Cómo encontraríamos espacio en nuestra casa? La lista era grande y siguió con otra serie de preguntas en cuanto a *cómo*.

Mis preguntas más profundas se centraban más en el *por qué*. *¿Por qué nosotros?* Ni siquiera estoy segura de haber hecho lo correcto criando a nuestras tres hijas, ¡mucho menos con cinco!

Quiero ser una gran madre, pero a veces me canso, me frustro, me enfado y me pongo de mal humor. *Dios, ¿no deberías llamar a alguien que se parezca un poco más a la directora de una guardería que pueda manejar a muchos niños con una sonrisa?*

*Luego está todo el asunto de la perfección. Me gusta que mi casa esté limpia, ordenada y tranquila. Esto ha sido factible con tres niñas, pero los niños son ruidosos y desordenados, especialmente los adolescentes. Y finalmente, estoy muy ocupada. Señor, me has bendecido con un ministerio que ha crecido más allá de lo que he imaginado. Viajo y dicto conferencias, por lo que no siento que me llames a dejar eso. Pero no es humanamente posible agregar dos hijos más y continuar con mi vocación, ¿verdad? ¿Por qué a mi Dios? ¿Por qué yo?*

## Enviada del cielo

Cierto día llamé a mi querida amiga Sheila y le hice una pregunta. Le derramé mi corazón. Descargué todas mis dudas y preguntas. Ella escuchó pacientemente sin mucha respuesta. «¿Por qué yo, Sheila? ¿Por qué yo?». Luego, en silencio y en oración, respondió. «Porque Dios sabía que dirías que sí, Lysa».

Me quedé atónita. Fue el mayor halago que jamás había recibido. Mi corazón se llenó de gozo cuando de repente los recuerdos llenaron mi mente con los años de entrenamiento espiritual por el que Dios me había guiado para llevarme al lugar donde podría ser llamada una mujer que dice que sí a Dios.

Hubo otras confirmaciones para Art y para mí. Una llegó cuando estábamos en un avión viajando juntos para participar en una conferencia matrimonial. Estábamos teniendo una de nuestras discusiones tipo «¿Estamos locos?», cuando una mujer de la fila posterior se acercó a nuestro asiento y se inclinó para hablarnos. Nos dijo que Dios la había estado incitando durante más de una hora a decirnos algo, pero estaba nerviosa por entrometerse en nuestra conversación. Sonreímos y le aseguramos que nos gustaría escuchar lo que tenía que decir. Continuó diciéndonos que ella y su esposo tenían tres hijas cuando Dios las llamó para adoptar a unos niños extranjeros, y Dios quería que supiéramos que todo estaría bien. Cuando se dio la vuelta para irse, me entregó su tarjeta de presentación, que tenía las palabras impresas en la parte superior: Enviada del cielo.

## Final de Dios

Cuando regresamos a casa de ese viaje, le preguntamos al director de los niños si podíamos programar uno de sus conciertos finales en nuestra iglesia. Muchos de mis amigos pensaban que estábamos locos, así que pensé que podrían ser más comprensivos si escuchaban lo que oí esa primera noche cuando esos preciosos niños cantaban acerca del gozo del Señor. También pensé que la visita podría ayudar a que nuestros niños tuvieran una transición más fácil al cuerpo de la iglesia. Pero Dios tenía un plan más grandioso para esa noche.

Fue una noche mágica, uno de los últimos conciertos de su gira. Habían cantado en más de 130 iglesias y recaudado suficiente dinero para alimentar a todos sus amigos en el orfanato de Liberia durante un año. Su misión había sido un gran éxito, pero seis de los niños todavía necesitaban un hogar. Necesitaban un milagro. Y un milagro es exactamente lo que Dios había diseñado para esa noche. ¡Esos amigos que pensaban que estábamos tan locos ahora son padres orgullosos de varios niños liberianos!

La gente hizo cola al final del programa para conocerlos; teníamos más familias dispuestas a adoptar que niños. Todos los demás chicos encontraron padres esa noche, y al momento de escribir este libro, más de veintidós niños (hermanos y amigos de los nuestros) del orfanato de Liberia han sido adoptados por familias de nuestra iglesia.

David y Debbie Alexander, mencionados en el capítulo anterior, realmente tenían sus dudas cuando les informamos por primera vez de nuestra decisión de adoptar. Pensaron que lo que estábamos haciendo era encomiable, pero ¿llevar a dos adolescentes a una familia de solo niñas? Sí, pensaron que estábamos locos. Pero Debbie vino a ese concierto esa noche y entonces lo entendió. Hace poco, Debbie me escribió para agradecerme *por estar loca*, ¡porque eso los llevó a recibir sus *seis* nuevas bendiciones!

### Solo di que sí

Ahora piensa en mí, sentada en aquel banco de la iglesia, simplemente llevando a cabo mi vida ordinaria cuando estalló la extraordinaria invitación de Dios. Podría haberme ido tan fácilmente de esa iglesia e ignorar el impulso de Dios. Lo he hecho más veces de las que me gustaría admitir. Pero mira todo lo que nos hubiéramos perdido si hubiera hecho eso. Esta foto reciente lo dice todo.

Dios, verdaderamente, ha bendecido nuestra obediencia. De izquierda a derecha: Jackson, Hope, Lysa (¡con Champ!), Art, Brooke, Ashley y Mark.

Mi participación en el diseño perfecto de Dios comenzó con una simple respuesta: *Sí. Sí, Dios, aceptaré lo que me des. Aunque sea difícil y ni siquiera parezca sensato, lo aceptaré como tu diseño perfecto porque tus caminos son más altos que los míos.*

Anoche, tuvimos el privilegio de llevar a cinco bendiciones de Dios a la cama. Jackson y Mark hicieron sus oraciones y nuestros ojos se llenaron de lágrimas cuando agradecieron a Dios por responder a todos esos años de oración y por ayudarlos a encontrar el camino a casa. Todos habíamos sentido el asombroso abrazo de Dios cuando unió a nuestra familia de una manera que solo él podía hacer.

Qué gran cuadro para nuestras almas huérfanas. Eso es lo que éramos todos hasta hace muchos siglos, el llanto de un bebé recién nacido proclamaba que había nacido nuestro Rey, nuestro Salvador, nuestro Señor de señores, nuestro Príncipe de Paz, Jesucristo. Luego vivió, amó y se sometió a la muerte en una cruz. Tres días después, la muerte fue derrotada cuando resucitó de entre los muertos y se convirtió en el camino para que nuestros corazones anhelantes escucharan esas siete palabras sencillas pero que transforman vidas: «Tú eres mi hijo, bienvenido a casa».

Eso es lo que Dios les dice a todos los que confían en él y aceptan a Jesucristo como Señor de su vida.

Permíteme animarte y decirte que tu peregrinaje espiritual no termina en el momento en que te conviertes en cristiana, ya que ¡ahí es donde realmente comienza! Ser seguidora de Cristo es un proceso continuo de aprendizaje, crecimiento, estiramiento y confianza. Cada día podemos buscar y escuchar la invitación de Dios a unirnos a él en su obra maravillosa. Nunca fue parte de mi plan tener más hijos pero, alabado sea Dios, fue parte del suyo.

## Busca la alegría

¿Ha sido fácil? No. Dejé mi comodidad y entré en un lugar de hambruna donde me veo obligada a depender de Dios como nunca. ¿Hay algunos días en los que tengo ganas de arrancarme el pelo y desearía tener menos ropa, menos desorden, facturas de comestibles más bajas y más tiempo para mí? Sí. Pero esta vida no se trata de mí. Se trata de unirme a Jesús para cumplir cualquier tarea que él me asigne y compartir su amor con todo lo que él me ofrece. Observa lo siguiente: aunque la fase de hambruna es dura, no tiene por qué estar desprovista de alegría. Busca el gozo. Está ahí. Oraciones contestadas, tesoros de sabiduría y la paz de la provisión de Dios te esperan en esta fase. Depender de Dios trae tanta alegría que dudo que sea superable.

Por ejemplo, nuestras tres hijas han crecido más espiritualmente el año pasado de lo que jamás hubiera imaginado. No solo están leyendo sobre amar a los demás, están practicando eso. Se han ajustado maravillosamente. ¿Y mi ministerio? Adoptar a esos niños me ha alejado bastante del ministerio, pero Dios lo ha hecho crecer este año más que nunca. Si no hubiera adoptado a los niños, podría haber trabajado horas y horas tratando de hacer que las cosas sucedieran, pero nunca podría haber logrado lo que vino de la mano de Dios.

Estoy convencida de que los avances se producen durante esta fase de hambruna, no cuando nos esforzamos porque sucedan. Los avances ocurren cuando nos ocupamos de honrar a Dios momento a momento, paso a paso, día a día con lo que hacemos y, lo que es más importante, con los pensamientos que pensamos mientras hacemos todo eso. Las personas que no dicen que sí al Señor aún pueden vivir una buena vida. Pero solo aquellos que abrazan completamente a Dios pueden experimentar la maravilla y el asombro de un corazón que dice «sí», que vive la gran vida que él se propuso que viviéramos.

¿Qué te está llamando Dios a hacer a su manera hoy? Puede que nunca seas llamada a adoptar niños de una tierra extranjera, pero Dios te está llamando, cortejándote, persiguiéndote, invitándote a algo más rico con él. ¡Que lo ordinario que tengas sea invadido con la extraordinaria invitación de Dios a seguir adelante en la fase de hambruna y vivir a su manera!

# Estudio bíblico personal

**1. Lee Salmos 37:5; Proverbios 16:3.**
¿Te está llamando Dios a algo grande, realmente grande? ¿Es más grande que lo que podrías lograr por tu cuenta? Anota en tu cuaderno lo que se mueve en tu corazón.

**2. Es hora de encomendarle** a él todo lo que Dios esté poniendo en tu corazón. Deja tus cargas, ansiedades, temores y recelos sobre él, y deja que él se encargue de los detalles. Él es tu Padre y quiere ayudarte a resolver eso. Escribe una oración, dejando tus cargas y pidiendo la ayuda del Padre.

**3. Lee Mateo 6:25-27; 1 Pedro 5:7.**
Cuando te embarcas en una aventura con Dios, es fácil ser bombardeada por todos los «qué pasaría si» de la tarea en cuestión. Sé que Art y yo nos ocupamos de nuestra parte de estos cuando estábamos considerando la adopción. Teníamos nuestros propios miedos, nuestros amigos y familiares bien intencionados expresaron sus dudas y Satanás agregó sus insistentes susurros. En vez de mirar las imposibilidades de la adopción, finalmente decidimos dar un paso de fe en armonía con lo que sabíamos que Dios nos estaba diciendo que hiciéramos. Cuando la duda comenzó a echar raíces, dependimos de Dios para resolver las incógnitas. Regresamos al salón del trono muchas veces para echar sobre él nuestras preocupaciones. Sabíamos que servíamos a un Dios grande que podía manejar todo lo que teníamos que arrojar sobre él. Lo tomó todo y, como te conté, resolvió cada detalle. Él puso a descansar todos los miedos. Escribe una forma en que Dios ya ha comenzado a poner tus miedos a descansar a través de alguna confirmación de él.

**4. Lee Jeremías 6:16; Marcos 10:21-22.**

Cuando Dios llama, no todo el mundo dice que sí. Estos dos pasajes nos dan una idea de quienes decidieron no emprender una gran aventura con Dios. ¿Qué crees que los detuvo?

**5. Hubiera sido muy fácil** para mí levantarme la noche del concierto, dejar la iglesia y fingir que nunca había escuchado la voz de Dios. Del mismo modo, los muchachos liberianos todavía estarían de regreso a Liberia si no hubieran aceptado la invitación de Dios para unirse a él en su obra. ¿Cuántas de nosotras tenemos citas divinas con el Dios del universo, pero las ignoramos porque estamos paralizadas por nuestro miedo a lo desconocido? ¿Qué te detiene o te atasca en el pasado?

Dios tiene el futuro en sus manos. Pasa tiempo en oración preguntándole a Dios cuál es tu próximo paso (no todo el plan). Si lo deseas, anota tu oración en tu cuaderno. Proverbios 23:18 dice: «Cuentas con una esperanza futura, la cual no será destruida».

# Siete

# *Dios está contigo*

Cuando Art y yo estábamos luchando por adoptar o no a Mark y Jackson, continuamos buscando confirmaciones de Dios. Como tuvimos muchas, decidimos seguir adelante con las adopciones sin ninguna duda. Confiábamos en que Dios estaba con nosotros y que resolvería todo. Pero una cosa seguía molestándome: ¿Cómo voy a encajar dos vidas más en mi itinerario de trabajo tan ocupado? ¿Dejo el ministerio? ¿Renuncio a educar a los chicos en el hogar? ¿Dejo de escribir?

Estaba en medio de una hambruna y, aunque sabía que el propósito era aprender a depender de Dios como nunca antes, fue difícil. Cuanto más oraba y meditaba tratando de hacer que todo encajara, más seguía diciendo: «No hay manera... simplemente no hay manera». No me sentía obligada a renunciar a nada en mi ajetreada vida, lo cual no tenía sentido. Algo tenía que ceder. Así que continué orando y esperando la respuesta de Dios. Dejaría de intentar resolverlo todo y simplemente esperaría a Dios.

## Jesús es el camino

Unas semanas después, volé a California para enseñar en un retiro de mujeres. Aproveché algunos momentos para orar durante el viaje de cuatro horas en el avión y en el viaje de dos horas hasta el centro del retiro. Seguí buscando algún tipo de seguridad por parte de Dios para tener certeza de que estaba escuchando mis oraciones y que conocía mi lucha. Cuando llegué al centro de retiros sin esa seguridad, me decepcioné. Iba a ministrar a las damas. Había llegado el momento de dar, no de recibir… o eso pensaba yo.

Caminé hasta el mostrador de registro para inscribirme y la mujer que estaba detrás del mostrador me entregó una placa con mi nombre. A cada mujer se le estaba dando una placa con su nombre junto con el nombre de Dios en la Biblia. Cuando miré hacia abajo a mi etiqueta, me sorprendió. El nombre de Dios que me habían dado era Camino. Por días, le había dicho a Dios que *no había manera*, y ahora él me recordaba que *siempre hay una manera* (o un camino) con él.

En Juan 14:5 leemos: «Dijo entonces Tomás: Señor, no sabemos a dónde vas, así que ¿cómo podemos conocer el camino?». Qué gran pregunta. Como yo, es posible que hayas preguntado esto muchas veces, especialmente durante la fase de hambruna. Has salido de tu comodidad y te sientes insegura, ¿y ahora qué? En el siguiente versículo, Jesús nos dice claramente: «Yo soy el camino, la verdad y la vida. Nadie viene al Padre sino por mí».

Tomás acababa de preguntarle a Jesús por el camino al cielo, pero en un sentido espiritual aún más profundo, le estaba preguntando el camino a la seguridad. La respuesta de Jesús fue lo suficientemente buena para Tomás, y también lo es para nosotras. Jesús es el camino, nuestro camino seguro en la vida, nuestro camino para salir del hambre. Él es la verdad, las promesas de Dios hechas realidad. Y él es la vida, la única forma de vivir con un propósito ahora y la única forma de recibir la vida eterna.

## Nuevos odres

Debemos ampliar nuestra visión. Con nuestras propias fuerzas, lograr nuestros sueños puede ser imposible. ¡Pero con Dios hay un camino! Debemos comenzar a pensar de una manera nueva: su manera. En Mateo 9:17 Jesús dice: «Ni tampoco se echa vino nuevo en odres viejos. De hacerlo así, se reventarán los odres, se derramará el vino y los odres se arruinarán. Más bien, el vino nuevo se echa en odres nuevos, y así ambos se conservan».

En los tiempos bíblicos, el vino no se almacenaba en botellas como hoy. Se almacenaba en odres de cuero —seco y curado— a los que se les daba forma para contener el vino. Joel Osteen hace esta observación:

> Cuando los odres eran nuevos, eran suaves y maleables, pero a medida que envejecían, a menudo perdían su elasticidad; no darían más. Se endurecerían y encogerían, y no podrían expandirse. Si una persona vierte vino nuevo en un odre viejo, el recipiente estalla y el vino se pierde… Esa lección sigue siendo relevante hoy. Estamos fijados en nuestros caminos, atados por nuestras perspectivas y atrapados en nuestro pensamiento. Dios está tratando de hacer algo nuevo, pero a menos que estemos dispuestos a cambiar, a menos que estemos dispuestos a expandir y ampliar nuestra visión, perderemos las oportunidades que nos brinda.[1]

Puedo vivir con mi visión limitada, convencida de que no hay camino y superada por la incertidumbre en mi tiempo de hambre, o puedo tomar la mano de Dios y proclamar con confianza que él es mi camino. Me gustaría poder impresionarte con mis excelentes habilidades organizativas que permiten que mi vida fluya sin problemas, pero no puedo. Planeo y delego, pero confío diariamente en Dios para llenar mis muchos vacíos. Me sorprende que Dios me brinde su ayuda con tanta generosidad cuando se la pido. Todas necesitamos ayuda para superar nuestros tiempos de hambruna, así que pídele que te ayude.

Dios me recuerda constantemente los detalles que olvido. Envía personas que estén dispuestas a ayudarme. Él va antes que yo y organiza viajes compartidos y horarios de una manera que me sorprende. Cuando me siento a planificar mis semanas con mi esposo, siempre me sorprende que cada una funcione. Pero realmente no debería sorprenderme porque Dios es verdaderamente el camino.

Dios quiere que tengas éxito en tus planes. ¿Realmente crees eso? ¿Has cambiado tu forma de pensar lo suficiente como para confiar en que eso es verdad? No puedes emprender esta gran aventura con Dios y mantener tu antigua forma de pensar. Recuerda, lo dejamos atrás en la última sección. Como el vino, debes tener un odre nuevo, un nuevo patrón de pensamiento para esta nueva forma de vida. Recuerda, el propósito de esta fase de hambre es que aprendas a depender de Dios como nunca.

Art y yo no somos los únicos que tuvimos que hacer ajustes. Nuestros muchachos también han tenido que hacerlos. Para poder entrar en esta nueva vida que Dios les ofreció, tuvieron que dejar todo lo que les era familiar en Liberia. Y cuando se fueron, no entraron inmediatamente en su tierra prometida. Progresaron a través de cada una de las fases de la fe cuando se unieron a nuestra familia. En su fase de hambruna, se dieron cuenta de que la vida en Estados Unidos no es tan tranquila y relajada como en África, sobre todo en la escuela. Tienen mucho en lo cual ponerse al día.

## Mueve la montaña

Jackson siempre ha sido un aprendiz ansioso, por lo que la transición no ha sido tan difícil para él. Mark, sin embargo, preferiría olvidarse de la escuela. A veces, la educación le parece una enorme montaña abrumadora que solo será movida por la mano milagrosa de Dios. Incluso ora para que Dios haga un milagro y deje caer el conocimiento que necesita en su cerebro. Aunque es un niño inteligente, la lectura, la escritura y la aritmética son a veces muy desafiantes para él.

Soy la maestra principal de Mark, y debo admitir que yo también he orado para que Dios mueva esta montaña de conocimiento directamente al cerebro de Mark. La Biblia nos dice en Mateo 17:20: «Les aseguro que, si tuvieran fe tan pequeña como un grano de mostaza, podrían decirle a esta montaña: "Trasládate de aquí para allá", y se trasladaría. Para ustedes nada sería imposible». Algunas personas leen este versículo y se frustran porque —aunque tienen fe— las montañas no parecen moverse. Tal fue el caso de Mark. Aunque estaba creyendo y tratando, la montaña no parecía moverse.

Así que decidió intentar darle la vuelta a la montaña. La próxima vez que le extendí un examen de matemáticas, obtuvo la enorme puntuación de ¡cien por ciento! Pero su respuesta al último problema incluía una nota de la clave de respuestas para el maestro. Se me rompió el corazón al darme cuenta de que había hecho trampa.

Aunque lo perdonamos y lo hicimos volver a tomar el examen de matemáticas, su castigo tenía que ser un recordatorio visual de que Dios puede mover la montaña de la educación. Art hizo que Mark moviera una enorme pila de rocas a poca distancia de un lugar a otro. Las rocas eran pesadas y solo se podían mover de una en una. Trabajó durante mucho tiempo y se sintió frustrado porque apenas había progresado. Pero varias horas después, retrocedió asombrado. La montaña había sido movida. Aunque Dios podría haberla movido instantáneamente, eligió otro camino. Le dio la fuerza a Mark para que la moverla piedra por piedra.

Sí, la fe todavía mueve montañas. Pero a veces el mayor acto de fe no es orar para que la montaña se mueva instantáneamente, sino aguantar allí mientras Dios te ayuda a moverla poco a poco.

Durante esta fase de hambruna, muchas personas se sienten tentadas a dudar y, a veces, incluso a darse por vencidas. Quizás escuchamos mal a Dios. Quizás Dios no está con nosotros. Las dudas nos bombardean y nos roban la pasión para seguir adelante. Cuando eso sucede, estamos mirando la montaña entera y perdiendo de vista la parte que Dios quiere ayudarnos a mover hoy. No intentes hacer realidad todo tu sueño de una vez. Solo cumple la pequeña parte de la misión que te pide que hagas hoy. Solo carga una piedra. Pregúntale a Dios: *¿Cuál es mi asignación para hoy?* Haz esa parte y siéntete satisfecha porque Dios debe estar complacido. ¡Anímate y continúa presionando!

# *Estudio bíblico personal*

**1. Lee 2 Samuel 22:29-46; Filipenses 4:13.**

El camino de Dios es perfecto. Puede que no entendamos su plan, pero sabemos que podemos confiar en que será mejor para nosotras que cualquier cosa que podamos diseñar para nosotras mismas. Dios ve el panorama completo, más allá del tiempo de hambruna y hasta la tierra prometida. Nuestra visión limitada es finita y poco confiable. Cuanto más nos damos cuenta de eso, más sabemos que estamos mejor dependiendo de Dios. La Palabra, a través de 2 Samuel 22 nos muestra lo que podemos hacer con la ayuda de Dios. Lee esta lista varias veces. ¿Qué necesitas que Dios te ayude a lograr en este momento? Escribe tu respuesta y pídele a Dios que te muestre cómo puedes experimentar el mismo tipo de vida cristiana victoriosa que describe David. 2 Samuel 22:31 dice: «El camino de Dios es perfecto; la palabra del Señor es intachable. Escudo es Dios a los que en él se refugian». Dios me mostró que él es el camino. Deja que él te lo muestre también a través de su Palabra.

**2. Lee Jueces 21:25; Isaías 53:6.**

Podemos olvidar fácilmente que Jesús es el camino, eligiendo en cambio seguir nuestro propio camino. Aunque ambos son pasajes del Antiguo Testamento, definitivamente siguen siendo válidos en la actualidad. Dios es amoroso y paciente con nosotros, sus hijos rebeldes que obstinadamente tratan de hacer las cosas a nuestra manera. Isaías nos dice que «cada uno de nosotros se ha apartado por su propio camino». Sin excepción, cada una de nosotras está incluida en ese versículo. Permitimos que nuestro orgullo, nuestra independencia y nuestra naturaleza pecaminosa nos saque del camino de Dios y nos lleve a uno que nos lleva a menos que lo mejor de Dios. Quitamos nuestros ojos de Dios y hacemos lo que es mejor ante nuestros propios ojos. En este tiempo de hambruna, Satanás viene a tentarnos para que sigamos su camino. Hace que seguirlo parezca tentador y más fácil que el camino de Dios: un atajo. Solo recuerda que el camino de Dios puede no incluir atajos, pero conduce al éxito por el diseño de Dios, que nunca te decepcionará (Romanos 5:3-5a). Medita en estos versículos y escribe tus pensamientos en tu cuaderno.

### 3. Lee Proverbios 16:3; 2 Corintios 6:4-10.

El éxito piadoso y el éxito mundano rara vez se ven iguales. En la economía de Dios, todo es al revés de la forma en que el mundo ve las cosas. Eso es porque vivimos en un mundo caído dirigido por el príncipe de este mundo, Satanás. Satanás quiere que creamos que lo segundo mejor simplemente no es suficiente, pero Dios dice: «Así que los últimos serán primeros, y los primeros, últimos» (Mateo 20:16). Mientras esperamos alcanzar el éxito piadoso, que luchemos por comprender exactamente cómo se ve ese éxito. Usando la concordancia de tu Biblia, busca la palabra «éxito» o «victorioso» y descubre lo que Dios tiene que decir sobre el éxito. Recuerda seguir buscando a Dios en todo lo que hagas, y el éxito seguirá. Escribe tus versículos en tu cuaderno.

# Ocho

## No te atasques en la amargura

Debo advertirte que no te atasques en la amargura durante la fase de hambruna. Esta es una temporada para aprender a depender de Dios. Como resultado, las cosas que obstaculizan la relación que él quiere tener contigo te las quitará. Puedes experimentar un estremecimiento en tus finanzas, tus amistades, tu posición de liderazgo, tus expectativas o una de las miles de cosas en las que confiamos. Dios quiere nuestra total confianza. Por eso, cada vez que nos quita algo, lo hace por nuestro bien, no para dañarnos.

Rehúsa amargarte con las personas o las circunstancias. Siéntete cómoda sabiendo que esto es solo una temporada, que pronto pasará y que, un día, realmente agradecerás a Dios por ayudarte a superar esto. Ese momento de pérdida conducirá a otro de gran celebración algún día.

Al observar la historia de José, ármate del valor que él tuvo. Ponte en su lugar. Míralo tomar la decisión constante de honrar a Dios durante sus fases de hambruna y observa cómo restauró Dios su vida mucho más una y otra vez. Además, presta atención a sus hermanos en esta historia y observa cómo les dolió su mala decisión de dejar que la amargura los consumiera. ¿Cuál será la historia de tu fase de hambruna?

## La primera fase que atravesó José

Para preparar el escenario, debemos recordar a Abraham, en los capítulos anteriores, cuando lo dejó todo. Dios le prometió a Abraham que sería el padre de una gran nación. El único problema fue que Abraham y su esposa, Sara, vivieron años de infertilidad. ¿Acaso Abraham había escuchado mal a Dios?

No, Dios simplemente tenía un calendario muy diferente al que tenían Abraham y Sara. Cuando la pareja ya era bastante avanzada en edad, fueron bendecidos con un hijo llamado Isaac. Isaac creció, se casó y tuvo dos hijos, uno de los cuales fue Jacob. Entonces Jacob creció, se casó y tuvo doce hijos de cuatro mujeres. Su esposa favorita le dio a luz a su hijo preferido, y luego murió dando a luz a un segundo hijo. El hijo predilecto fue José, al que sus hermanos llegaron a despreciar.

Génesis 37:4 señala: «Viendo sus hermanos que su padre amaba más a José que a ellos, comenzaron a odiarlo y ni siquiera lo saludaban». En ese mismo capítulo, el versículo 11 continúa declarando lo obvio: «Sus hermanos le tenían envidia». Los hermanos tenían tanta amargura y animosidad contra José que sus corazones se enfriaron y su juicio se nubló. Un día, mientras cuidaban las ovejas en una ladera del campo, vieron a José a la distancia y conspiraron para matarlo. El hermano mayor intervino y convenció a los demás de que no lo mataran, sino que lo arrojaran a un pozo vacío y lo mantuvieran cautivo.

Al poco tiempo, algunos comerciantes pasaron de camino a Egipto, dándoles a los hermanos la solución perfecta. Al vender a José, adquirieron algo de dinero y se deshicieron de su odiado hermano, todo en una sola transacción. Agarraron el hermoso abrigo de José, que había sido un regalo de su padre, lo desgarraron, lo mojaron en sangre de un animal y regresaron a casa para darle la noticia a su padre de que José había sido asesinado por un animal salvaje.

Mientras tanto, José hacía un viaje de más de treinta días por el desierto a pie, encadenado y probablemente tratado peor que un animal. Después de todo, ahora era mercancía para vender una vez que llegara a Egipto. No puedo evitar pensar en cómo se debe haber sentido José durante esos largos días calurosos y esas arduas noches solitarias. Pero las Escrituras aclaran que Dios estaba con José tal como lo está con todos sus hijos agraviados y quebrantados de corazón.

## Dios estaba con él

Al fin, José llegó a Egipto y fue vendido como esclavo. Su vida allí atraviesa muchos altibajos, pruebas, tragedias y triunfos, pero Dios está con él a través de todo. Ya sea que estuviera en cautiverio por traficantes de esclavos, sirviendo como esclavo o en prisión, la Biblia nos recuerda constantemente que el Señor estaba con José. Génesis 39:2-4 dice: «Ahora bien, el Señor estaba con José y las cosas le salían muy bien. Mientras José vivía en la casa de su patrón egipcio, este se dio cuenta de que el Señor estaba con José y lo hacía prosperar en todo. José se ganó la confianza de Potifar, y este lo nombró mayordomo de toda su casa y le confió la administración de todos sus bienes».

Oh, amiga mía, piensa en lo amargado que pudo haber sido José. Pudo haber reclamado sus derechos de acusar a los que lo habían maltratado y abusado de él. Pudo haber dejado que la amargura cubriera su corazón en una red de ira, ansiedad y venganza, pero no lo hizo. Eligió no hacerlo. Tomó la decisión consciente de honrar a Dios con sus acciones y actitudes, por lo que Dios lo honró. Nota también que Dios no lo sacó de inmediato de la penosa situación, sino que lo honró en la situación. ¿Cuántas veces le pedimos a Dios que elimine una circunstancia desagradable y no lo hace? Intenta honrarlo y recuerda buscar las formas en que él te está honrando, no eliminándote, sino enviándote bendiciones en ese lugar donde sufres.

## De prisionero a príncipe

Y no debemos pasar por alto el hecho de que las personas que rodeaban a José lo observaron honrando al Señor. La gente te está viendo. Aun cuando creas que no te están mirando, lo están. Quieren ver si tus afirmaciones sobre la fidelidad de Dios son ciertas aunque la vida se te ponga difícil. El amo de José vio a Dios en este y se sintió atraído por el Espíritu de Dios en José. Debemos recordar que nuestra amargura aleja a la gente. Estar lleno de la dulce fragancia de aceptación de Dios atraerá y bendecirá y, lo más importante, acercará a las personas a Dios. José honró a Dios una y otra vez, por lo que Dios lo bendijo y lo honró a cambio. Aun así, la vida no fue como esperábamos para José. La esposa de Potifar trató de seducirlo, que cayera en pecado, y lo envió a la cárcel. «Pero mientras José estaba allí en la cárcel, el Señor estaba con él; le mostró bondad y le concedió el favor del director de la prisión» (Génesis 39:20-21).

Al tiempo, José interpretó un sueño para Faraón. Dios estaba advirtiendo a Faraón que se preparara para siete años de abundancia seguidos de siete años de hambre. Faraón quedó tan impresionado por el Espíritu de Dios en José que lo puso a cargo de toda la tierra de Egipto, solo superado por el propio Faraón. José, que una vez fue un chico esclavo olvidado, ahora ejercía el poder de un rey. ¿Te luce familiar? Eso fue lo que Dios hizo por José. Lo hizo por los chicos liberianos. Y también lo ha hecho por ti. Una vez fuiste una huérfana espiritual sin esperanza, ¡pero ahora eres adoptada como hija del Rey altísimo!

## Las decisiones ordinarias pueden tener efectos extraordinarios

Faraón escuchó sabiamente las predicciones de José y, durante los siete años de abundancia, Egipto guardó diligentemente grano para usarlo cuando llegara la hambruna. En efecto, siete años después, una terrible hambruna azotó la tierra y el grano acumulado salvó la vida del pueblo.

Jacob y su familia también estaban pasando por una hambruna extrema, cuando se enteraron de que Egipto tenía grano. Entonces Jacob envió a algunos de los hermanos de José a Egipto a buscar algo de grano para alimentar a sus familias. Una vez más, la historia da muchos giros y vueltas, pero finalmente José reconoce a los hermanos, tiene misericordia de ellos y les da alimento, por lo que toda la familia de Jacob se muda a Egipto.

Los doce hijos de Jacob crecen, se casan, crían a sus familias en Egipto y se convierten en las doce tribus de la nación de Israel. Muchos años y varias generaciones después, surgió un faraón que no recordaba a José y su gran servicio a Egipto. Le preocupaba que la gran nación de Israel fuera una amenaza potencial y pudiera perturbar su poderoso imperio egipcio.

Éxodo 1:11 dice: «Fue así como los egipcios pusieron capataces para que oprimieran a los israelitas. Les impusieron trabajos forzados, tales como los de edificar para el faraón las ciudades de almacenaje Pitón y Ramsés». Así cuenta la historia la manera en que toda la nación de Israel terminó siendo esclava en Egipto.

Reflexiona conmigo en aquella ocasión, muchos años antes, cuando un grupo de hermanos amargados cuidaba ovejas en un día común y tomaron una decisión trágica. Causaron daño no solo a su familia, sino —en definitiva— a toda la nación de Israel. Si nunca hubieran vendido a José para que fuera esclavo, la nación de Israel nunca habría terminado como esclavos tratados con tanta crueldad en Egipto.

Lo lamentable es que esos hermanos vivían sin darse cuenta de las trágicas consecuencias que pueden derivarse de un acto de desobediencia. El amargo corazón de los hermanos causó problemas a muchos en ese día ordinario (ver Hebreos 12:15). Y los efectos de su mala decisión obsesionaron a las generaciones que los sucedieron. Al tomar decisiones ordinarias en días ordinarios, me pregunto, ¿tenemos alguna idea del impacto y la influencia que esas decisiones tienen en las personas que nos rodean y en las generaciones venideras?

## Todo es posible

Gracias a Dios los muchachos liberianos sabían que con Dios todo es posible. No se quedaron atrapados en la amargura que seguramente llamó a las puertas de sus corazones. Después de todo, sus madres, sus padres y muchos de sus hermanos biológicos fueron masacrados por rebeldes malvados. Ponte en sus zapatos.

Estás en casa una noche con toda tu familia. De repente, la puerta de entrada se derrumba y todos los que amas son masacrados frente a ti. Tu casa se quema y te roban tu dinero. Milagrosamente, sobrevives, pero ¿qué futuro tienes ahora? No tienes dinero, nadie que te cuide, nada. Te llevan a un orfanato y te dejan allí. Ahora eres un niño olvidado en un país del tercer mundo.

Pero Dios estaba con esos chicos. Dios estaba con José. Y ciertamente Dios también está contigo. No te ha olvidado. Conoce tus circunstancias. Él sabe que la amargura ciertamente también ha llamado a tu puerta. No respondas a ese golpe. No escuches la voz de la amargura. Ni siquiera abras la puerta para mirar afuera. Pídele a Dios que mate a ese visitante no deseado y se lo lleve. Y luego decide no resucitarlo más.

Las decisiones que hoy haces son importantes. Gracias a Dios, José sabía que con Dios todo es posible, ya que él salvó a la nación de Israel a pesar de haber sido traicionado y herido por ellos. ¿Qué podría tener Dios reservado para ti después de la hambruna? ¿Qué tesoros estás descubriendo? ¿Has aprendido a depender de Dios como nunca antes? Más importante aún, ¿tienes una respuesta segura en tu corazón de que sí, con Dios, todo es posible?

# *Estudio bíblico personal*

**1. Lee Hechos 7:9-15.**

Este pasaje es una continuación del sermón de Esteban, que se ocupa particularmente de la historia de José en esta sección. Nota que el versículo 9 señala que «Dios estaba con él». Muchas veces en la Biblia, se describe a las personas como individuos que tienen a Dios consigo. Lee Génesis 21:20; 26:3; 39:2; 1 Samuel 18:14; Lucas 1:66; y Hechos 11:21 por solo algunas de estas referencias. En estos pasajes, Dios está claramente con aquellos que lo siguen. Te imagino caminando a nuestro lado como el perfecto compañero de viaje. Él camina con nosotras y habla con nosotras y nos llama suyas, como dice el antiguo himno. Cuán bendecidas somos de tener a Dios como nuestro compañero en la vida. En tu cuaderno, escribe uno de estos versículos y anota tu nombre en el lugar correspondiente a la persona en el versículo. Obtén la confianza y la fuerza que necesitas con solo saber que Dios está contigo, tal como lo estuvo con José y otros héroes de la fe.

**2. Lee Génesis 41:16.**

José se niega a atribuirse el mérito de su éxito en este versículo. Él está de pie en la presencia del Faraón, el hombre más poderoso del mundo en ese momento, quien no adora al Dios de José; sin embargo, José no teme darle a Dios la gloria ante Faraón. Su voluntad de glorificar a Dios resultó en muchas bendiciones para él en lo personal y lo político. Lee Génesis 41:38-45 y, en tu cuaderno, haz una lista de las bendiciones que Dios le dio a José.

José podría haberse rendido, sentirse traicionado y darle la espalda a Dios cuando terminó en Egipto como esclavo. Sin embargo, aprovechó la oportunidad para hacer crecer su carácter y aumentar aún más su fe. Debido a su perspectiva positiva de la situación, se le permitió ver a Dios resolver una situación desesperada para siempre. Podemos tener la misma perspectiva de acuerdo con Romanos 8:28 (RVR60): «Y sabemos que a los que aman a Dios, todas las cosas les ayudan a bien, esto es, a los que conforme a *su propósito* son llamados».

### 3. Lee Génesis 41:50-52.

Después que José es bendecido con su nueva posición como segundo al mando del faraón, se casa y tiene dos hijos llamados Manasés y Efraín. Los nombres de estos dos hijos son importantes para la vida de José, como dice el versículo. Escribe en tu cuaderno lo que dice el versículo que significa el nombre de cada hijo.

**4. Para cuando José se casó** y asumió su nueva posición de liderazgo, había pasado trece años en la esclavitud. ¿Era la esclavitud parte del plan de Dios para él? Proverbios 20:24 dice: «El Señor dirige los pasos del hombre». ¿Cómo, entonces, puede alguien entender su propio camino?». José sabía que Dios tenía un plan para su vida y aceptó la soberanía de Dios sin importar lo que sucediera. Sabía que Dios había dirigido sus pasos hacia ese hoyo que sus hermanos habían cavado para él, así como había dirigido sus pasos hacia un lugar de poder. Dios se había mostrado fiel desde el abismo hasta Potifar, desde la prisión hasta el poder. Los hijos de José, a su vez, se convirtieron en un testimonio vivo de su convicción de que Dios estaba con él en cada paso del camino. En tu cuaderno, recorre brevemente la fidelidad de Dios a través de algunas de tus experiencias en la vida.

# FASE TRES

## Cree

# Nueve

## *El camino más improbable*

A la familia de Art le encanta ir de campamento, y no me refiero a un campamento cómodo con duchas de agua caliente y conexiones eléctricas. Oh no, les gusta un verdadero desierto, al estilo *Survivor*, la serie televisiva de competencias en ambientes silvestres. Una en la que se instala una aldea de tiendas de campaña con una letrina improvisada: un agujero en el suelo con lonas de plástico que cubren tres lados. Puedes imaginarte el horror de todos ellos cuando Art se apareció con Princess, el apodo que me he ganado cariñosamente, para que participara en la tradición familiar, llevando un campero con aire acondicionado a un campamento remoto junto al río. Se quedaron sin palabras cuando su paz y su tranquilidad fueron invadidas por el rugido del generador. Pero la última gota fue cuando salí del campero a la primera siguiente, después de haberme arreglado el cabello y haberme maquillado.

Ahora en mi defensa, enfrenté el desafío y, al final de la semana, mi secador de pelo y mi maquillaje eran cosas del pasado. Incluso intenté bañarme en aquel fangoso río como todos los demás. En verdad, disfruté estar en contacto con la naturaleza y unirme a mi familia cuando dejamos atrás el mundo moderno.

En uno de los últimos días de nuestra aventura, todos los niños decidieron nadar en el río. No estaba preocupada en lo más mínimo puesto que todos estábamos bastante acostumbrados al agua. Mientras ellos chapoteaban y se reían toda la tarde, yo me senté en un banco, deleitándome con que mis hijos lo pasaran tan bien con sus primos. De repente, capté algo extraño con el rabillo del ojo. Algo flotaba sobre el agua a poca distancia de los chicos. Parecía un palo. Había muchos palos y otros desechos naturales dentro y sobre el agua, así que los aparté. Unos segundos después, una pregunta surgió en mi mente ... ¿estaba flotando o nadando? Los palos no flotan sobre el agua, ¡las serpientes sí!

Jadeé cuando uno de mis peores temores se dirigía hacia mis hijos. Sabía que no podía entrar en pánico, así que con calma capté la atención de todos ellos. Les dije con severidad que era muy importante que escucharan mi voz e hicieran exactamente lo que les indicaba. Debían salir del agua rápidamente, pero eso no sería posible siguiendo la ruta normal hacia mí. El terraplén en el que estaba era demasiado empinado y solo un niño, a la vez, podría trepar lentamente. Así que tuvieron que nadar a través del estrecho río hasta la playa de arena del otro lado. Entonces todos los niños podrían salir del agua rápidamente mientras los hombres podrían poner el bote entre los niños y la serpiente.

No quería que supieran nada sobre la serpiente ni que se asustaran, así que solo dije que era muy importante que hicieran lo que les estaba instruyendo y que tendrían una sorpresa del otro lado. La idea de una sorpresa era toda la motivación que necesitaban, ya que —en calma, pero con rapidez— hicieron exactamente lo que se les dijo. Cuando los hombres llegaron hasta la criatura parecida a un palo, confirmaron que de hecho se trataba de una serpiente venenosa. Sí, los niños ciertamente se llevaron una gran sorpresa cuando se dieron cuenta del porqué había sido tan importante salir del agua, tal como les había dicho.

## Demasiado real para negarlo

La vida se parece mucho a la experiencia de la serpiente. Dios conoce las mejores rutas para nosotros. Ve peligros y tentaciones que nosotros no vemos en el camino. A veces nos frustramos con Dios cuando nos lleva a lugares a los que no habíamos planeado ir. Su ruta a veces parece estar apartada, ser incómoda, tediosa y confusa. Pero debemos reconocer su voz, escuchar con atención y hacer exactamente lo que él nos instruya. Mis hijos hicieron eso porque me conocían, confiaban en mí y habían sido condicionados a obedecerme.

Debemos confiar en Dios de la misma manera. Cuando dejas la fase de hambruna, entras en este nuevo y maravilloso lugar donde debes creer en Dios como nunca. Siempre has querido creerle a él y a sus promesas, y ahora que has dejado tu comodidad y atravesado los dolores de la hambruna, él se ha vuelto demasiado real como para negarlo.

Cuanto más caminamos con Dios, más fácilmente escuchamos su voz y confiamos en sus instrucciones. A lo largo de las Escrituras, Dios llama a su pueblo «*ovejas*» y se refiere a sí mismo como el Buen Pastor. Phillip Keller hace esta nota en su libro clásico, *Un pastor mira el Salmo 23*:

> En la vida del cristiano, nada sustituye a la aguda conciencia de que mi Pastor está cerca. No hay nada como la presencia de Cristo para disipar el miedo, el pánico, el terror a lo desconocido. Llevamos una vida de lo más incierta. Cualquier hora puede traer desastres, peligro y angustia desde lugares desconocidos ... Entonces, en medio de nuestras desgracias, de repente surge la conciencia de que él, el Cristo, el Buen Pastor está allí. Eso hace toda la diferencia. Su presencia en la imagen arroja una luz diferente sobre

toda la escena. De repente, las cosas no son ni la mitad de negras ni tan aterradoras. La perspectiva cambia y hay esperanza ... Es el conocimiento de que mi Maestro, mi Amigo, mi Dueño tiene las cosas bajo control aun cuando puedan parecer calamitosas. Esto me da un gran consuelo, reposo y descanso.[2]

### Dios te ayudará a querer obedecer

Todos los días el Buen Pastor pregunta: ¿Confías en mí? ¿Me crees? ¿Seguirás mis mandamientos aun cuando no te parezcan sensatos? Las ovejas debemos dar un sí rotundo, dejando a un lado todas nuestras propias preguntas. Dios probablemente te haya llevado por caminos poco probables antes, y casi puedes estar segura de que te esperan más, así que ¿por qué no hacer las paces con esto ahora? ¿Por qué no simplemente confirmar en voz alta que confías en Dios y estás dispuesta a recorrer los caminos inverosímiles porque sabes que son los mejores?

Te desafío a que hagas esto aunque no te apetezca. Los sentimientos siguen los comportamientos correctos, no al revés. Toma las decisiones correctas para honrar a Dios y tus sentimientos, al fin, se nivelarán. Y aunque al principio seguir a Dios de esa manera puede parecer que te hace la vida más difícil, en realidad hace exactamente lo contrario. Hace que tu actitud concuerde más con la de él, lo que te permite sobrellevar lo que se te presente.

Aunque he tropezado y chocado muchas veces a lo largo de este camino tan improbable con Dios, él me ha permitido entender lo que Filipenses 2:12-13 dice cuando instruye: «Así que, mis queridos hermanos, como han obedecido siempre —no solo en mi presencia, sino mucho más ahora en mi ausencia— lleven a cabo su salvación con temor y temblor, pues Dios es quien produce en ustedes tanto el querer como el hacer para que se cumpla su buena voluntad». En otras palabras, es correcto tener miedo a cometer errores. Está bien ser lo suficientemente franco como para admitir que no siempre quieres obedecer. Esa es la naturaleza humana. Pídele a Dios que te ayude a tomar decisiones sabias. Pídele que te ayude a querer obedecer. Dios trabajará en ti para ayudarte a alinear tu voluntad con la de él, con que solo se lo pidas.

¿Alguna vez te has atrevido a preguntar eso? ¿Alguna vez te has atrevido a decirle a Dios: *Señor, sea cual sea tu voluntad para mi vida, eso es lo que quiero?* Creer en Dios no es para los débiles de corazón. Es solo para aquellos que quieren descubrir las ricas bendiciones de caminar lo suficientemente cerca de Dios con el fin de escuchar el constante tamborileo de los latidos de su corazón.

## El latido del corazón de Dios

He escuchado ese latido muchas veces. Lo escuché muy claramente en un día en que mi mundo podría haberse derrumbado a mi alrededor. Pero ahí estaba, bump-bump, bump-bump, bump-bump. Era muy real. Lo sentía muy cerca. Demasiado cerca para negar que él estaba allí conmigo. Entonces, lo que podría haber sido un día de devastación no fue más que un bache en el camino. Escuché sus instrucciones, hice exactamente lo que me dijo que hiciera a pesar de mis sentimientos, y me entregó a salvo al otro lado.

Varios meses antes de nuestro viaje al campamento, Art me dijo que quería invertir todos los ahorros de nuestra vida en el mercado de valores. Un par de acciones se mostraban muy prometedoras y él quería participar en lo que seguramente sería muy rentable. No soy muy conocedora de las inversiones, pero no me gustó el hecho de poner todos nuestros huevos en una canasta, por así decirlo. Expresé mi preocupación, pero le dejé hacer lo que creyera mejor.

Hasta que llegó el día. El día que el mercado colapsó. Art llegó a casa y yo me dirigí a la puerta principal para saludarlo con algunos detalles triviales de la jornada. La expresión de su rostro me hizo dejar de hablar. Vi cómo se desplomó frente a mí, envolvió sus brazos alrededor de mis piernas y sollozó: «Lo he perdido todo. Todos los ahorros de nuestra vida se han ido».

Bump-bump, bump-bump, bump-bump. Sabía que el Señor estaba cerca. Sabía que él proveería. Sabía que estaba permitiendo que eso sucediera por una razón. Él podría restaurar nuestra inversión tan pronto como permitió que desapareciera. Bump-bump, bump-bump, bump-bump. Sabía todo eso, pero mi carne gritó: *¡Te lo dije! ¡Tonto! ¿Cómo pudiste haber hecho eso?* Pero, ¿cómo podría deshonrar a Dios cuando todo lo que sé acerca de él me recuerda su constante provisión? ¿Realmente pensé que los ahorros de toda nuestra vida provienen de nuestro arduo trabajo, o sabía y creía que todo lo que tenemos viene directamente de él? Bump-bump, bump-bump, bump-bump.

Me arrodillé frente a Art y tomé su rostro entre mis manos. «Te amé ayer cuando lo teníamos todo. Te amo hoy cuando no tenemos nada. Te amo, Art, no por lo que tienes, sino por lo que eres». Ese se convirtió en el momento que definió el matrimonio para nosotros. No era un camino que hubiera elegido libremente, pero era el mejor. Elegí creerle a Dios en ese momento. Elegí, por el poder del Espíritu Santo, honrar lo que sabía que era verdad acerca de Dios a pesar de que mis sentimientos se quedaron atrás. Ahora, al otro lado de esa experiencia, puedo decir que lo que hizo por nuestro matrimonio no tiene precio. Habría dado libremente cada centavo que perdimos para tener lo que ganamos.

Dios sabía todo y mejor. Siempre lo sabe. Bump-bump, bump-bump, bump-bump.

Sentí una paz completa y muy inesperada. Podría haberme regocijado en lo que había perdido y quedarme en la ardua fase de la hambruna. Pero algo en mi alma buscó la perspectiva de Dios y se apoderó de la certeza de su presencia, y de repente fui llevada del hambre a la fe. En el momento en que confié en Dios de esa manera, mi hambre terminó y comencé una nueva fase de creer en Dios como nunca antes.

Verás, en la fase de creer, tus circunstancias pueden no ser muy diferentes de las de la fase de hambruna. Sin embargo, la diferencia está en cómo miras ambas fases. Has cambiado. Tu perspectiva ha cambiado. Tu fe en Dios ha cambiado, porque ahora sabes esto con certeza: las personas pueden cambiar y las cosas pueden cambiar, pero Dios nunca lo hace. Dios no cambia, ni tampoco sus promesas.

# *Estudio bíblico personal*

**1. Primero lee Job 37:1-5; Salmos 29:3-9; y luego 1 Reyes 19:11-13; Isaías 30:21.**

En el primer conjunto de versículos, la voz de Dios se describe como un trueno poderoso, fuerte, imponente e majestuoso, tal como cabría esperar. Sin embargo, en el segundo grupo de versículos, la voz de Dios es tranquila y quieta, apenas más que un susurro. Debo admitir que a veces desearía poder escuchar la voz de Dios tan fuerte como un trueno para estar segura de que lo he escuchado correctamente. Pero estoy agradecida porque Dios es amable conmigo, susurrando sus palabras de afirmación y aliento. He aprendido a escuchar el sonido de su voz detrás de mí diciendo: «Este es el camino, anda por él». A medida que doy pasos vacilantes hacia adelante, me siento más confiada en mi caminar y me doy cuenta de que él siempre está conmigo.

**2. Lee 1 Samuel 15:22; Salmos 95:7-8; Hebreos 3:7.**

Cuando aprendemos a escuchar la voz de Dios, el siguiente paso es obedecerla. Estos versículos nos muestran que Dios nos habla con la expectativa de que, como resultado, le obedezcamos. Y sin embargo, ¿cuántas de nosotras ignoramos su voz, discutimos con su voz o tratamos de ahogar su voz permitiendo que otros ruidos llenen nuestro mundo? Como vimos, la voz de Dios es ese suave susurro que solo se puede percibir cuando lo escuchamos intencionalmente. En el Salmo 95:7, la palabra original para «escuchar» significa escuchar con la intención de obedecer. Debemos dar el siguiente paso de escuchar su voz y luego obedecer lo que él nos ha pedido que hagamos. La Palabra de Dios nos da muchos ejemplos de cómo nos perderemos las muchas bendiciones que él tiene reservadas para nosotras si no obedecemos su voz, así como los hijos de Israel se perdieron la tierra prometida.

## 3. Lee el Salmo 37:23-24; Proverbios 4:11-12; Juan 11:9.

A veces escuchamos la voz de Dios y nos ponemos en marcha de acuerdo con su dirección, solo para tropezar en el camino. La Palabra de Dios nos advierte que tropezaremos de vez en cuando, pero él evitará que caigamos. Santiago 3:2 indica: «Todos tropezamos de muchas maneras». Jesús nos enseñó que debemos andar según la voluntad de Dios. Cuando hacemos eso, no tenemos nada que temer. Es mejor andar en obediencia que vivir con miedo a tropezar.

# Diez

## Obstáculos y garantías

*¿Qué estás haciendo exactamente, Dios?*, exclamé mientras sacudía la cabeza con incredulidad cuando conducía lentamente por la entrada a casa. Me enfrentaba a una situación imposible. Dios me estaba pidiendo que extendiera su gracia a alguien que me estaba lastimando. Quería que la amara cuando estaba haciendo todo lo posible para destruir mi comodidad, mi seguridad y mi alegría. De ninguna manera me sentí con ganas de honrar a Dios en ese momento. Tenía una lista completa de emociones recorriendo mi cuerpo, ninguna de las cuales era amorosa y amable. Pero no podía deshacerme de esa abrumadora sensación de que Dios estaba esperando, vigilándome, cortejándome para que actuara en contra de mis sentimientos y simplemente caminara en su verdad. Quería amar a esa mujer que me despreciaba con tanta vehemencia.

### ¡Los bloqueos!

Todo comenzó por una disputa sobre los límites de nuestra propiedad. Pronto descubrimos que efectivamente habíamos cometido un error, y parte de nuestro camino de entrada estaba en un terreno que no nos pertenecía. Intentamos comprarle el pequeño lote sin éxito. Intentamos razonarlo y pensamos en todos los escenarios posibles para solucionar el problema sin tener que gastar una cantidad exorbitante de dinero para represar parte de nuestro estanque y mover el camino de entrada. Pero ninguna solución era aceptable para ella y se hizo evidente que tendríamos que elegir la opción menos deseable. El momento también fue un problema. Necesitábamos esperar hasta los meses más secos de verano cuando pudiéramos drenar el estanque. Pero incluso eso era inaceptable, y pronto fuimos recibidos por varios bloqueos en nuestro camino de entrada. Enormes rocas, caballetes y tablas de madera, y carteles de «Prohibido el paso» nos bloqueaban el acceso. Pasaron los meses, los bloqueos empeoraron y las cartas poco amables para nosotros se hicieron más frecuentes. Me sentí amenazada, frustrada, herida y desconcertada.

Ahí estaba yo, una mujer en un ministerio cristiano que se pasa la vida enseñando a las mujeres a amarse unas a otras, y mi vecina no podía soportar verme. Tenía el corazón roto y agitado, por lo que comencé a cuestionarme. Lo peor de todo es que no pude solucionar el conflicto. Clamé a Dios y le rogué que eliminara el problema, ablandara los corazones, cambiara de opinión o, lo mejor de todo, moviera sobrenaturalmente el camino de entrada. Pero eso no iba a suceder. Semana tras semana, me encontraba conduciendo por mi largo y sinuoso camino de entrada, solo para ser detenida por el último intento de bloqueo.

### La solución de Dios

Entonces vino el día en que Dios se movió. No movió el camino de entrada, ni siquiera el corazón de la otra persona. Se movió en mí. Fue el día que llegué a casa y encontré unos trabajadores construyendo una cerca en el camino que nos impediría ir y venir de nuestra casa en forma permanente. Me enfurecí. ¿Cómo pudo hacer eso? ¿Por qué haría ella eso? Corrí a llamar a alguien que me ayudara, alguien que me rescatara. Cuando irrumpí en mi casa, Dios destruyó mi ira y mi ansiedad de repente y me impulsó a llevarle un vaso de agua a mi adversaria constructora de cercas.

Era un día caluroso de verano, en el que construir una cerca no es un trabajo fácil. Estaba cansada y sedienta. ¡Pero la razón por la que estaba cansada y sedienta era por toda la energía que ella estaba haciendo para lastimarme! ¿Ahora se suponía que debía ir a darle agua para refrescar y revitalizar sus esfuerzos? *Dios, esto no es justo. ¡Esto no tiene sentido! Probablemente ni siquiera tomará el agua que le doy.* Así que este es el punto en el que estaba mientras bajaba lentamente hacia la cerca. Cuando salí del auto y me dirigí hacia ella, tuve que esforzarme para caminar por ese camino de obediencia. Pero luego, cuando mi brazo se estiró para darle el agua, la pesadez desapareció y sentí tan claramente la impresión de Dios en mi corazón: *Hoy será agua física, pero esta es una de las cosas que la llevarán a recibir el agua viva.*

Su mirada silenciosa me hizo saber que ese no era el día para tratar de darle el agua viva, pero se plantaron semillas en su corazón y en el mío. La forma en que se cultivarán esas semillas depende del Señor.

Las lágrimas llenaron mis ojos mientras caminaba silenciosamente de regreso a mi auto y me volteé para regresar por el camino de entrada. Dios tiene la manera más asombrosa de trabajar en los detalles invisibles de la vida y desarrollar su plan a pesar de nuestra terquedad. Ahí estaba yo, pateando y gritando a través de esa situación que pensaba que parecía tan inútil, y —desde el principio— Dios tenía un plan. Un plan para ella y otro para mí.

**Nuestra asignación**

Cómo deseaba haber abrazado el plan de Dios antes de lo que lo hice. Todo en lo que podía pensar era en cambiar las circunstancias que me estaban causando trastornos e incomodidades. Ahora me doy cuenta de que, para esa temporada de mi vida, la asignación de Dios para mí fue aprender a amar a un enemigo. ¿Qué enemigo necesitas amar en este momento? Tal vez sea un vecino, un hijo pródigo, un cónyuge enojado o un amigo que no perdona. No nos gustan los lugares difíciles. Nuestras almas anhelan la perfección del Jardín del Edén para el que fuimos diseñados y, sin embargo, el mundo en el que vivimos nos hace saltar de una imperfección a otra. Pronto nos encontramos vacías y exhaustas, tratando de solucionar problemas que irrumpen e infligen dolor y angustia. Incluso nos frustramos con Dios. Sabemos que él podría solucionar el problema. Con un chasquido de su santa mano, él podía sanar las heridas, reorganizar las circunstancias, restaurar los lugares quebrantados y proporcionar una salida. Entonces, ¿por qué no lo hace?

**El crecimiento**

La respuesta es que él nos ama demasiado para dejarnos como somos. Piensa en un bebé dentro del útero de su madre. Ahí está calientito y bien alimentado. Le gusta ese lugar seguro y protegido, pero llega un momento en el que debe salir de ahí. Entonces, debe pasar por la dolorosa conmoción de nacer. Es difícil, pero si se resiste, el crecimiento ya no será posible, por lo que morirá.

Nuestra vida espiritual es muy parecida a eso. Debemos seguir creciendo y aceptar los planes de Dios para la vida que nos da. No crecemos cambiando las circunstancias adversas. Crecemos al abrazar los planes de Dios para enfrentar las circunstancias y permitirle que haga lo que él quiera en nosotras. Permítele que solucione las torceduras e imperfecciones en el centro de tu alma. Deja que él te ayude a encontrar una perspectiva mejor que la tuya. Solo entonces podrás hallar una paz asombrosa aun en medio de las tormentas más terribles de la vida.

Los enemigos de una buena vida no son la tragedia, el desamor ni los tiempos difíciles. Al contrario, el enemigo es tener esa buena vida y —simplemente— dejarte llevar por ella. El enemigo es una vida en la que buscas comodidad y tranquilidad más que crecimiento. Una vida en la que evites el riesgo de aventurarte con Dios. Vivimos en un mundo caído, por lo que nadie puede evitar todos los baches que surgen en el camino de la vida. *Tendrás tiempos difíciles*. Recibirás golpes y magulladuras, pero no tienes por qué desconcertarte. Di que sí a Dios ahora. Dile sí a todo lo que él te brinde. Búscalo de todo corazón. Reflexiona sobre lo que te está enseñando. Entrega lo que él te pida. Y sé consciente de que él está elaborando sus maravillosos planes para ti tras bastidores, en este mismo momento.

## Acepta su plan

Ese difícil lugar en el que te encuentras no es una distracción. No te estás desviando. Ese es el camino de él. «Porque yo sé muy bien los planes que tengo para ustedes —afirma el Señor—, planes de bienestar y no de calamidad, a fin de darles un futuro y una esperanza» (Jeremías 29:11). Probablemente hayas escuchado este versículo una y otra vez, pero ponlo en contexto con los versículos que siguen y verás el llamado no solo a confiar en Dios, sino a tener paz al saber que él te ayudará. Los versículos 12 al 14 continúan diciendo esto:

> «Entonces ustedes me invocarán, y vendrán a suplicarme, y yo los escucharé. Me buscarán y me encontrarán cuando me busquen de todo corazón. Me dejaré encontrar —afirma el Señor—, y los haré volver del cautiverio. Yo los reuniré de todas las naciones y de todos los lugares a donde los haya

dispersado, y los haré volver al lugar del cual los deporté», afirma el Señor.

Mi llamado a la acción favorito aquí es buscar a Dios «de *todo* tu corazón». No solo las partes de tu corazón que claman por tranquilidad. No solo las partes de tu corazón que gimen por la restauración. Encuentra ese lugar en tu corazón ansioso por crecer y déjalo gritar también. Acepta ese plan perfecto y encontrarás a Dios, verás el plan de él desde su perspectiva y disfrutarás de paz en medio de la tormenta. Además, la promesa favorita que Dios me da aquí es que él nos llevará de vuelta al lugar donde estábamos. Él nos llevó a ese lugar difícil, a esa especie de exilio, pero nos llevará de regreso al lugar donde estábamos tranquilas.

Así es la temporada de crecimiento. Es parte del plan. El camino no será difícil todo el tiempo. Continúa invocándolo con gran confianza, percatándote de que nada, ningún lugar difícil, puede separarte de la reconfortante, misericordiosa e ilimitada presencia de Dios. Eso pronto pasará pero, por otro lado, esperan ricas perspectivas, un hermoso crecimiento y, sí, una fe más fuerte.

### El resto de la historia

Entonces, ¿qué pasó con el camino de entrada? Bueno, tuvimos que reducir y drenar el estanque y hacer un camino de entrada nuevo. Nos rompió el corazón ver que el estanque llegaba a un estado tan lamentable; además, el proceso de construir el camino de entrada fue muy costoso. Sin embargo, Dios proporcionó cada centavo que necesitamos para hacer el trabajo de la manera más sorprendente. Ahora ni siquiera se notan los rastros de la reparación del camino de entrada. Sin embargo, de la tierra estéril brotó hierba reverdeciente, y el camino de entrada se asienta de forma segura en nuestro terreno. Todavía oro por mi vecina, que se mudó desde entonces, y todavía espero que algún día seamos amigas. Por otro lado, la restauración más hermosa que se llevó a cabo fue la del estanque.

Nuestro estanque había tardado años en llenarse, por lo que supusimos que tardaría años en llenarse después de drenarlo. Pero Dios tenía un plan diferente. ¿Recuerdas lo que me pidió que le diera a mi vecina? Una taza de agua. ¿Sabes lo que Dios me devolvió? Trajo una tormenta de lluvia justo sobre nuestro estanque, el aguacero más fuerte que jamás había visto, ¡y volvió a llenar ese estanque en un día! Amiga, esas no fueron solo gotas de lluvia que cayeron aquel día. Para mí, fue Dios prodigando su amor por mí y recordándome que él tiene el control absoluto. Una taza de agua llevó a la bendición de millones de galones del preciado líquido.

Oseas 10:12 dice: «¡Siembren para ustedes justicia! ¡Cosechen el fruto del amor, y pónganse a labrar el barbecho! ¡Ya es tiempo de buscar al SEÑOR!, hasta que él venga y les envíe lluvias de justicia».

Ahora permíteme que lea ese versículo nuevamente con algunas adiciones personales: «¡Siembren para ustedes justicia [decisiones correctas que honren a Dios aun cuando no les apetezca]! ¡Cosechen el fruto del amor [amor por los amables y los odiosos igualmente], y pónganse a labrar el barbecho [ya sean los bloqueos en su camino de entrada o en su corazón]! ¡Ya es tiempo de buscar al Señor [abrazarlo con todo tu corazón], hasta que él venga [lo que ciertamente hará] y les envíe lluvias [más de lo que jamás podrías esperar o imaginar] lluvias de justicia».

Este es el secreto para vivir la vida que Dios te ha dado y para que la ames, ya sea que te regocijes en los buenos y soleados tiempos o te sientas sacudida como por una tormenta. Tienes la paz de Dios porque cuentas con su presencia. Dale permiso a tu corazón para crecer en suelo fértil, para que tome decisiones correctas que honren a Dios en cada paso del camino. Quita los ojos del problema y concéntrate en el Dios bueno y amoroso que tiene grandes planes para ti. Está atenta a que Dios haga llover más de lo que jamás has pensado pedirle. Él restaurará lo que te ha sido quitado a su manera perfecta. ¡Entonces bailarás bajo esa lluvia y beberás hasta la última gota! «El Señor abrirá los cielos, su generoso tesoro, para derramar a su debido tiempo la lluvia sobre la tierra, y para bendecir todo el trabajo de tus manos» (Deuteronomio 28:12). ¿Estás empezando a sorprenderte por las cosas que suceden cuando caminamos con Dios?

# *Estudio bíblico personal*

**1. Lee Proverbios 25:21-22; Marcos 9:41; Hebreos 6:10.**

Cuando Dios me pidió que le llevara un vaso de agua a mi vecina, al principio me resistí a su suave empujón en mi corazón. Después de todo, ella me perseguía y nos ponía a mi familia y a mí en una confusión innecesaria. Ella no se merecía ningún acto de bondad de mi parte. Pero Dios deshizo mi egoísmo y señaló que si su juicio se basaba en lo que merecíamos, seguramente nunca vería el cielo. Sabía que tenía que dejar de decirle a Dios por qué mi vecina no merecía mi bondad y obedecerle, simplemente. Más tarde, al reflexionar sobre esa situación, pensé en estos versículos, que tratan específicamente de brindar agua en su nombre. Una vez más, me animó la relevancia de la Palabra viva y activa de Dios (Hebreos 4:12) y su promesa de que no volvería vacía (Isaías 55:10-11). Puedo descansar en esa verdad, sabiendo que Dios ha usado y usará ese simple vaso de agua en la vida de mi vecina y ahora está usando esta historia para beneficio tuyo.

**2. Lee Mateo 25:40; Hechos 10:4; Romanos 12:13-21.**

Mi tarea era darle agua fría a la persona que intentaba impedir que entrara a mi casa. Tu asignación probablemente será bendecir a alguien que es igualmente indigno a tus ojos. Todos los días, Dios nos invita a acercarnos, en su nombre, a los pobres y necesitados. Estas personas no son solo los económicamente pobres. Son pobres en espíritu, pobres en recursos, pobres en perspectiva. No solo necesitan dinero o dádivas, necesitan aliento, amabilidad y esperanza. Muchos de ellos no merecen estas cosas y probablemente no las apreciarán al principio. Cuando le ofrecí esa agua a mi vecina, ella la rechazó. Pero Dios me aseguró que mi disposición a ofrecerla era suficiente para que él cumpliera sus propósitos en ese momento y lugar. No ocurrió ningún milagro en ese instante; ella siguió construyendo la cerca y yo me fui a casa todavía sin saber exactamente cómo iba a resolver Dios la situación. Pero una cosa sabía: Dios estaba obrando y en eso podía descansar.

¿A quién te está guiando Dios a buscar mientras lees estas palabras? ¿Hay alguien cercano que sea «el más pequeño de estos»? Tal vez tengas una vecina desagradable como yo. Tal vez tu «menor de estos» sea un miembro de la familia o un socio comercial, o tal vez más de uno. Ora para que Dios te muestre quiénes son esas personas y lo que puedes hacer por ellas en su nombre, no porque se lo merezcan, sino porque sabes que bendecirlas honra y agrada al Señor. Escribe algunos nombres y tu servicio en tu cuaderno. Asegúrate de incluir la fecha y recuerda volver más tarde para escribir lo que sucedió como resultado. Confía en Dios para que multiplique tus esfuerzos más allá de lo que puedes ver con tu visión limitada.

### 3. Lee Juan 4:4-42.

Aunque probablemente hayas leído este relato de la mujer en el pozo antes, léelo esta vez prestando especial atención a las referencias de Jesús al agua viva que él tenía para ofrecerle y a lo que ella hizo después de su encuentro con el Señor. Él la impresionó tanto que ella regresó a su pueblo y les dijo a todos los que encontró en su camino lo que había sucedido (versículo 28). El versículo 39 nos dice que «muchos de los samaritanos de ese pueblo creyeron en él debido al testimonio de la mujer». ¿A quién te está guiando Dios para compartir tu testimonio? Comparte tu agua viva contando tus encuentros con él y relatando cómo ha cambiado tu vida.

# Once

## Dios hará un camino

Después de un final tan asombroso en el último capítulo, podrías pensar que Dios envió la lluvia, me enseñó esos grandes principios e hizo que la persona y yo nos reconciliáramos para terminar como los cuentos de hadas: «Y vivieron felices para siempre». Pero no fue así.

Casi un año después de que modificamos el camino de entrada, un alguacil apareció en nuestra casa para entregarme unos papeles citándonos para que compareciéramos ante un tribunal. Nos demandó por no pagarle el alquiler del terreno que ocupaba nuestro camino de entrada en el lado de su propiedad. Casi me desmayo. Algunas personas tienen fobias a las serpientes, otras tienen miedo a las alturas… yo no. A lo que le tengo un miedo abrumador es a que me lleven a la cárcel. De modo que al ver al alguacil en mi puerta, me estremecí.

De repente, mi absoluta creencia de que Dios tenía el control de todo comenzó a flaquear. Esa vacilación me enfureció más que tener que ir al tribunal. Quería creer. Me obligué a mantenerme firme en mi fe. Leí y releí muchos versículos para «creer», como por ejemplo el Salmo 118:6-7: «El Señor está conmigo; no tendré miedo. ¿Qué puede hacerme el hombre? El Señor está conmigo;

él es mi ayudador. Miraré triunfante sobre mis enemigos». Aun así, no me *sentía* segura.

Clamé al Señor. En mis días más espirituales, mis oraciones se parecían al Salmo 25:1-2: «A ti, oh Señor, levanto mi alma; en ti confío, oh Dios mío ... ni dejaré que mis enemigos triunfen sobre mí». Sabía que mi «enemigo» no era esa persona, era Satanás que quería que yo fallara miserablemente en esa prueba. Oh, cómo quería pasar esa prueba, pero estaba muy asustada. En mis días más oscuros y vacilantes, oré más con el Salmo 5:6: «Tú destruyes a los mentirosos y aborreces a los tramposos y asesinos». Terrible pero cierto.

## Tesoros por descubrir

Una y otra vez vacilé. Temía que Dios no saliera por mí. ¿Y si perdemos el caso judicial? ¿Cómo nos haría quedar eso? Peor aún, ¿cómo se vería eso ante Dios? La verdad desde el principio fue que Dios no necesitaba que me preocupara por cómo se vería o que encontraría una manera de hacer que las cosas salieran bien. Dios no necesita que le demos excusas cuando sus hijos simplemente toman la *decisión* de creer si se *sienten* seguros o no. Nuestros sentimientos no tienen por qué dictar nuestras decisiones.

Podemos optar por creer y caminar en esa creencia con la cabeza en alto y la confianza segura. Joyce Meyer concuerda con eso:

> No siempre tengo ganas de ser amable y cortés, pero puedo decidir hacerlo para honrar a Dios. Vivimos para su gloria, no para nuestro propio placer. Temer las cosas no glorifica a Dios. Él quiere que vivamos decididos, que estemos vivos y afrontemos cada día con valentía. ¿Cómo se sentirían los padres si sus hijos se levantaran todos los días y dijeran que les

asusta el día que sus padres les han preparado? Por supuesto, se sentirían terriblemente mal. Dios es un padre, es nuestro Padre.[3]

El Salmo 118:24 nos recuerda: «Este es el día que hizo el Señor; regocijémonos y alegrémonos en él». Este día tiene tesoros por descubrir. Encontraremos tesoros de la verdad y tesoros de la presencia de Dios si decidimos buscarlos. Si atravesamos este día con la cabeza baja, perderemos los tesoros. Extrañaremos su presencia. Extrañaremos su seguridad. Y seguro que perderemos el regocijo y la alegría de este día.

## A través de la sangre

Si las únicas cosas en las que nos enfocamos son la fatalidad y la tristeza que nos traen las circunstancias que se nos presentan, entonces nos revolcaremos en el barro. El barro nublará nuestra visión, desviará nuestro enfoque y nos hará olvidar que el sol todavía brilla sobre nosotras. Pero si tomamos la decisión de regocijarnos y seguir mirando hacia arriba, cuando nos encontremos con el inevitable charco, nuestros zapatos pueden ensuciarse, pero eso no afectará la forma en que veamos la vida.

El día de nuestro caso ante el tribunal, estaba mucho más tranquila de lo que esperaba. Aunque mis manos temblaban, mi corazón estaba confiado. Sabía que Dios había ido antes que nosotros y resolvería todo independientemente de la forma en que el juez actuara.

Nuestra acusadora presentó su versión del caso y nosotros presentamos la nuestra. Agradecimos que el juez desestimara el caso. En el instante en que el juez dijo «desestimado», una hermosa imagen apareció en mi cabeza. Un día Jesús se interpondrá entre nosotros y nuestro pecado, y debido a su sangre derramada en la cruz escucharemos: «¡Caso desestimado!». ¡Qué glorioso será ese día!

Mi corazón se regocijó con esa verdad cuando me dirigí a la salida de la sala del tribunal. De repente, algo extraño llamó mi atención y literalmente me dejó sin aliento. Era un rastro de gotas de sangre que partía de la sala de audiencias hasta dos pasillos y salía por las puertas de entrada del tribunal. (Aparentemente, un hombre tenía una hemorragia nasal. Bendito sea ese hombre, me mortifica que él tuviera que ser el que proveyera la sangre para que yo pudiera tener esa maravillosa imagen). La sangre de ese individuo me hizo pensar en la que Jesús derramó y en el hecho de que la sangre de Jesús nos lleva de un lado a otro con plena seguridad. La sangre no se pudo negar ese día. Era real. Tuve que atravesarla. Art tuvo que atravesarla y, sí, incluso nuestra acusadora tuvo que atravesarla. No había salida excepto a través de la sangre.

### El dolor tiene un propósito

Fue entonces cuando entendí por qué Dios permitió que sucediera ese problema. Romanos 8:17 dice: «Y, si somos hijos, somos herederos; herederos de Dios y coherederos con Cristo, pues, si ahora sufrimos con él, también tendremos parte con él en su gloria». Esa fue una pequeña forma de identificar y alinear nuestro corazón con Jesús. Y realmente en el gran esquema de las cosas, esa era una pequeña manera de sufrir. Aunque el fallo del juez hubiera sido al contrario, habría sido una pequeña forma de sufrir.

Un amigo mío, más tarde, me dio una perspectiva adicional. Le estaba contando sobre el día en que el alguacil llegó a la puerta y lo horrible que fue. Seguí hablando hasta que me hizo una pregunta sencilla: «Lysa, ¿sabes qué pasó en mi vida la última vez que un alguacil llamó a mi puerta?». No supe qué decir. Su respuesta eliminó mi patética autoindulgencia: «Venía a decirme que mi papá se había suicidado. ¿Sabes cuántas personas hay hoy en día que recibieron la visita de un alguacil? Casi puedo garantizarte que la mayoría de ellos cambiaría tu visita por la de ellos en un santiamén».

Qué humillante. Cuán cierto. Sí, en esta vida, sufriremos. Puede que algo te esté haciendo sufrir en este momento, pero el dolor tiene un propósito y no eres la única. Jesús está contigo para consolarte de una manera que solo él puede hacer, porque él sabe cómo es el sufrimiento verdadero.

No podemos ni imaginarnos la forma en que Jesús sufrió por nosotros. Incluso nuestros peores sufrimientos no se pueden comparar con el pecado del mundo que él llevó sobre su cuerpo, con ser clavado en una cruz ni con morir —incluso— por las personas que lo golpeaban, lo escupían, se burlaban de él y lo mataban. Tampoco podemos comparar nuestro sufrimiento con el que Dios sintió cuando dio a su único Hijo; ya que él, su Padre, tuvo que voltear su mirada y abandonar a su Hijo. Sin embargo, hizo todo eso para que podamos estar con él en su gloria. Solo tenemos que sufrir de maneras relativamente pequeñas, pero lo cierto es que compartiremos su gloria de la manera más grandiosa.

### Renovada día a día

Sí, en efecto, no tenemos otra salida que no sea a través de la sangre. Este camino manchado de sangre es el que Dios ha hecho. A través de la sangre de Jesús podemos ser salvas, podemos ser sanadas, podemos ser enseñadas y podemos ser parte de una gloria eterna que ni siquiera podemos imaginar. Pablo, en 2 Corintios 4:16-17 nos asegura: «Por tanto, no nos desanimamos. Al contrario, aunque por fuera nos vamos desgastando, por dentro nos vamos renovando día tras día. Pues los sufrimientos ligeros y efímeros que ahora padecemos producen una gloria eterna que vale muchísimo más que todo sufrimiento».

Todas las partes de ese versículo son verdaderas para mí. La parte de la gloria eterna es verdadera. La parte de la renovación es cierta. La parte de los problemas también. Y ten la seguridad de que la parte del «día tras día», también es muy cierta. Esto es muy cotidiano para mí. Los días buenos, los días malos y todos los días intermedios también son ciertos para mí. Algunos de los comentarios que recibo dejan ver que la gente cree que llevo una vida encantadora. Créeme, mi vida no es tan encantadora. Mi vida se parece mucho a la tuya.

Me enojo con los que más amo. Me frustran los demás conductores en la carretera, especialmente los que me llaman porque conduzco como la abuelita lenta. Me subo a la temida balanza solo para castigarme por no ser más disciplinada. Y siempre prometo ser más organizada, pero sigo perdiendo las listas que mis amigos organizados me animan a hacer. No, la vida no es más encantadora en el campamento de TerKeurst que en el tuyo.

Pero sí siento a Dios *a pesar* de mis circunstancias y fracasos. Lo veo. Lo escucho. Sé que siempre está cerca. Eso no se debe a que sea especial o más espiritual. Lo siento porque así lo deseo. Todos los días tomo decisiones para buscarlo, escucharlo y reconocerlo. Aunque el mundo me hale para que sirva a muchos dioses menores, en lo más profundo de mi corazón, lo elijo a él.

## Un corazón abierto

La decisión debe tomarse en lo profundo de nuestro corazón, no en nuestro corazón físico, sino en nuestro ser interior como un todo. Nuestros pensamientos, emociones, intelecto y espíritu se combinan para formar este hermoso corazón espiritual dentro de nosotras. La Biblia tiene mucho que decir sobre el corazón. Se menciona más de mil veces en la Palabra de Dios. Estos son solo algunos de mis versículos favoritos sobre el corazón:

- «Que le sirvas con todo tu corazón y con toda tu alma» (Deuteronomio 10:12).
- «Si ustedes desean volverse al Señor de todo corazón» (1 Samuel 7:3).
- «Mi corazón en él confía» (Salmos 28:7).
- «Enséñanos a contar bien nuestros días, para que nuestro corazón adquiera sabiduría» (Salmos 90:12).
- «Confía en el Señor de todo corazón» (Proverbios 3:5).
- «Le pido que, por medio del Espíritu y con el poder que procede de sus gloriosas riquezas, los fortalezca a ustedes en lo íntimo de su ser, para que por fe Cristo habite en sus corazones» (Efesios 3:16-17).

Para decidirte a experimentar a Dios, debes tener un corazón receptivo a él. Cuando nos olvidamos de renovarnos día a día mirando y escuchando a Dios, perdemos nuestra perspectiva eterna, nos enredamos en los problemas de hoy y le cerramos nuestro corazón a él.

Un corazón cerrado, simple y trágicamente, se olvida de Dios. Aunque pueda fallar en muchas áreas de mi vida, no cerraré mi corazón a Dios. Me regocijaré en creerle realmente. El propósito de esta fase se cumplirá cuando sepa que él es demasiado real para negarlo. En cada circunstancia que enfrento, sé que Dios abre un camino, no porque la vida sea siempre perfecta, sino porque he decidido experimentarlo a él demasiadas veces para vivir de otra manera. Que eso también suceda contigo.

# Estudio bíblico personal

**1. Lee Isaías 29:13; Mateo 15:8.**

Estos dos pasajes hablan de seguir una religión basada en reglas y regulaciones sin entregarle nuestro corazón. Honrar a Dios con nuestros labios simplemente hablando del cristianismo es una cosa. Honrarlo con nuestro corazón al entablar una relación con él es otra cosa completamente distinta.

**2. Lee 1 Samuel 3:20.**

Dios promete que, si lo honramos, él nos honrará. Podemos honrar al Señor de muchas maneras. He enumerado a continuación algunas formas clave de honrar a Dios. Lee cada versículo y escribe formas específicas en las que puedas aplicarlo a tu vida mientras honras a Dios.

- Salmos 50:23: Podemos honrarlo con nuestro agradecimiento.
- Efesios 5:21-33: Podemos honrarlo como su novia entregándonos por él y respetándolo.
- Salmos 91:15: Podemos honrarlo al invocarlo, haciendo de la comunicación parte de nuestra relación diaria con él.
- Juan 14:23-24: Podemos honrarlo al obedecer sus enseñanzas.

Proverbios 8:17 dice: «Amo a los que me aman, y los que me buscan, me encuentran». Busca a Dios con todo tu corazón y no te conformes con simplemente hablar de labios para afuera para tener una relación con él.

**2. Lee Lucas 11:28; Juan 13:17; Santiago 1:22-25.**

Estos pasajes destacan tres elementos clave: escuchar la Palabra de Dios, hacer lo que dice y recibir una bendición como resultado. ¿No es interesante cómo funciona esta cadena de eventos? Estos pasajes describen el acto de escuchar la Palabra asimilándola, permitiendo que trabaje dentro de ti, y luego usando lo que has aprendido para beneficiar a otros y promover el reino de Dios. Jesús vino a servirnos como un ejemplo vivo que debemos seguir. Mientras servimos a quienes nos rodean —esposo, hijos, padres o incluso aquellos que consideramos desagradables— Jesús tiene bendiciones reservadas para nosotras. Así como no podemos simplemente seguir una religión sin una relación, tampoco podemos escuchar la Palabra sin actuar en consecuencia. No te permitas tener ojos que no ven y oídos que no oyen. No andes por la vida con el corazón cerrado. Toma medidas hoy para vivir tu fe de una manera que impacte a quienes te rodean. Escribe una forma en que Dios te está guiando para que te conviertas en un hacedor de la Palabra. En oración, comprométete ante el Señor a dar este paso hoy.

**3. Lee Hebreos 13:20-21.**

Compartí en este capítulo sobre la sangre que tuvimos que atravesar al salir del tribunal y el poderoso recordatorio visual que eso fue para mí. Este versículo nos dice que, a través de la sangre expiatoria de Jesús, estamos equipadas con todo lo que necesitamos para hacer su voluntad. A través de Jesús, Dios ha proporcionado todo lo que necesitamos y nos ha preparado para vivir activamente nuestra fe de acuerdo con sus planes y propósitos para nosotras. No necesitamos preocuparnos por nuestras habilidades o nuestras deficiencias cuando sabemos que ya tenemos todo lo que necesitamos a través de Jesús. ¿Qué deficiencias impiden que des un paso al frente y actúes de acuerdo a tu fe? Anótalas en tu cuaderno y, al trazar una línea a través de cada uno, agradece a Dios hoy por cubrirlos a todos por medio de Jesucristo, a quien sea la gloria por los siglos de los siglos. Amén.

*Doce*

# Aprende a liderar

Dios te está llamando a vivir su sueño por ti y parte de ese sueño es liderar. A medida que buscamos creer en Dios como nunca antes, seremos un ejemplo a seguir para otros. Nunca me imaginé a mí misma como líder hasta que Dios me reveló que, me gustara o no, la gente estaba observando y modelando mi vida. Si estás influyendo en las personas, eres una líder. Puede que no te enfrentes a multitudes ni seas la próxima Kay Arthur pero, de alguna manera, Dios te usará para guiar a otros a través de tu influencia en sus vidas. ¿No solo crees en Dios, sino que también crees en el llamado de Dios a tu vida?

Quizás tu reacción a esa revelación sea como la respuesta de Moisés en tres partes.

*1. ¡No soy _____ apta!*

«¿Y quién soy yo para presentarme ante el faraón y sacar de Egipto a los israelitas?» (Éxodo 3:11).

En muchas palabras, le decimos a Dios que no somos calificadas, no somos aptas. No estoy lo suficientemente instruida. No tengo la edad suficiente. Soy demasiado vieja. No soy lo suficientemente rica. No soy lo suficientemente inteligente. No soy lo suficientemente valiente. No soy lo suficientemente valiente. No soy lo suficientemente organizada. Y seguimos dando excusas tras excusas.

### 2. ¿Qué pasa si me rechazan?

«¿Y qué hago si no me creen ni me hacen caso? ¿Qué hago si me dicen: "El Señor no se te ha aparecido"?» (Éxodo 4:1).

¿A quién nos interesa agradar más: a otras personas o a Dios? No somos responsables de controlar cómo actúan y reaccionan los demás. Simplemente somos responsables de hacer lo que Dios nos dice que hagamos. Ciertamente, debemos escuchar el consejo sabio y piadoso. Pero dejando a un lado nuestros planes y deseos, primero debemos ir ante Dios mediante su Palabra y en oración, dedicando tiempo a escucharlo.

### 3. ¿Qué pasa si me equivoco?

«¡Ay, Señor! nunca he sido hombre de fácil palabra, ni antes, ni desde que tú hablas a tu siervo; porque soy tardo en el habla y torpe de lengua» (Éxodo 4:10, RVR1960).

Como ya hemos visto, una cosa era cierta acerca de cada uno de los héroes de la Biblia: todos se equivocaron. Pero optaron por no revolcarse en el barro de sus errores. Al contrario, mantuvieron un corazón receptivo hacia Dios. Necesitamos ser como David, que es el único a quien Dios una vez llamó y dijo que era un hombre conforme al propio corazón de Dios. Cuando David se equivocó, gritó: «Crea en mí, oh Dios, un corazón limpio, y renueva la firmeza de mi espíritu. No me alejes de tu presencia ni me quites tu santo Espíritu. Devuélveme la alegría de tu salvación; que un espíritu obediente me sostenga. Así enseñaré a los transgresores tus caminos, y los pecadores se volverán a ti» (Salmos 51:10-13).

Dios nos revelará no solo cuando cometemos errores, sino también cómo regresar a él sí buscamos tener, constantemente, un corazón puro. ¿Es eso fácil? No, es extremadamente difícil enfrentarnos cara a cara con nuestro pecado y admitir nuestros fracasos. Por eso David tuvo que pedir un «espíritu dispuesto». ¿Pero captaste el hermoso resultado? ¡Dios redimirá nuestros fracasos! Dios tomará nuestros errores, los que Satanás quiso usar para nuestra derrota, y usará la situación para su gloria. Las personas atrapadas en el mismo pecado en el que tú estás encontrarán el camino de regreso a Dios al escuchar tu historia.

## Dios usa a personas inadecuadas

La verdad es que Dios ya te ha dado un lugar de influencia, eres la persona adecuada para el trabajo. Dios llama a personas inadecuadas para trabajar a través de ellas y así recibir la gloria que solo es suya. Cuando experimentes a Dios obrando a través de ti a pesar de tus defectos humanos, tu confianza en él y tus habilidades crecerán más que nunca. Dios rara vez usa personas que se ven perfectas. Él usa gente *imperfecta*.

Conoces a la «gente perfecta» de la que estoy hablando. Todos hemos tenido personas cercanas que piensan que son expertas en todos los temas que surgen. Quizás incluso hemos actuado de esa manera en ocasiones. La Biblia dice que eso es ser «terco», término sinónimo de engañado y endurecido. La Biblia dice en 2 Crónicas 30:8: «No sean tercos, como sus antepasados. Sométanse al Señor». Piensa en esta imagen. Una persona terca tiene uno de dos problemas. O se niega a girar la cabeza o se niega a inclinarla. Si somos demasiado orgullosas y pensamos que lo sabemos todo, seremos rígidas porque nos negamos a inclinar la cabeza y admitir nuestras insuficiencias. Si somos demasiado inseguras, somos rígidas porque nos negamos a mirar las posibilidades que Dios está poniendo a nuestro alrededor. La cura para cualquiera es la sumisión a Dios, lo que implica entregarle nuestros pensamientos, emociones, temores y nuestra voluntad.

## La cura para la terquedad

Moisés superó su actitud terca y sus sentimientos inadecuados al caminar en obediencia a Dios. Paso a paso, comenzó a obedecer a Dios y finalmente se convirtió en el líder que Dios sabía que podía ser. En Deuteronomio 10:12-16, Moisés les da a los hijos de Israel una descripción de lo que Dios espera de nosotros.

> Y ahora, Israel, ¿qué te pide el Señor tu Dios? Simplemente que le temas y andes en todos sus caminos, que lo ames y le sirvas con todo tu corazón y con toda tu alma, y que cumplas los mandamientos y los preceptos que hoy te manda cumplir, para que te vaya bien. Al Señor tu Dios le pertenecen los cielos y lo más alto de los cielos, la tierra y todo lo que hay en ella. Sin embargo, él se encariñó con tus antepasados y los amó; y a ti, que eres su descendencia, te eligió de entre todos los pueblos, como lo vemos hoy. Por eso, despójate de lo pagano que hay en tu corazón, y ya no seas terco.

De hecho, todos tenemos tendencia a la terquedad. Antes de que podamos vencerla, debemos circuncidar nuestro corazón. Los varones de Egipto debían ser circuncidados quirúrgicamente. Moisés aprendió la extrema importancia de eso cuando estuvo a punto de perder la vida por no haber circuncidado a su propio hijo de manera oportuna. Dios no podía permitir que Moisés fuera el libertador de su pueblo hasta que se hubiera cumplido el requisito de la circuncisión. Y lo mismo puede decirse de la circuncisión de nuestro corazón. El acto físico de la circuncisión nos da una visión de esta verdad espiritual. Un comentario que aparece en la Biblia, en inglés, *Life Application Study Bible* incluye la siguiente nota:

Pero Dios quería que pensaran más que en una cirugía, de modo que entendieran su significado. Necesitaban someterse a Dios por dentro, en sus corazones, así como por fuera, en sus cuerpos. Entonces podrían comenzar a imitar el amor y la justicia de Dios en sus relaciones con los demás. Si nuestro corazón está bien, entonces nuestras relaciones con otras personas también pueden ser correctas. Cuando tu corazón se haya limpiado y hayas sido reconciliado con Dios, comenzarás a ver una diferencia en la forma en que tratas a los demás.[4]

## Acciones y reacciones

Así que, para ser la líder que Dios quiere que seas, no solo debes creer en el llamado de Dios a tu vida, también debes creer que las personas a las que diriges son valiosas y dignas de ser honradas. Moisés aprendió a ser un *buen* líder caminando en obediencia a Dios. Moisés se convirtió en un *gran* líder al ser lo suficientemente congruente con sus hábitos de obediencia que, a su vez, se convirtieron en las reacciones naturales de su corazón. La forma de ser un *buen* líder es que tus *acciones* reflejen a Dios reinando dentro de ti. Pero ser un *gran* líder significa que tus *reacciones* también reflejen a Dios reinando dentro de ti. ¿Entendiste eso? Tus reacciones son clave.

Podemos optar fácilmente por actuar en obediencia al Señor y honrar a los demás en momentos de menos estrés. Puedo ser la mejor madre del mundo sentada tranquilamente en la biblioteca leyendo libros para padres mientras mis hijos están en casa con una niñera. La verdadera prueba es cuando llego a casa y sucede algo que hace que el estrés aumente un poco. ¿Cómo voy a reaccionar? Esa reacción es la verdadera prueba de fuego que revela la condición de mi corazón. Mis reacciones me permiten saber si mi fe en

Dios y su capacidad para moldearme y moldearme es real o no. Recuerda, el propósito de esta fase de fe es llevarte al punto en que tu experiencia con Dios sea demasiado real como para negarla.

Nada hará que Dios sea tan real para ti como verlo cambiar tu carácter. No cambies *quién* eres —tu personalidad, tus fortalezas y tus habilidades—, cambia *cómo* eres, tu carácter. Me gusta lo que dice la Biblia, en inglés, *Life Application Study Bible* en su comentario sobre Moisés:

> En Moisés vemos una personalidad sobresaliente forjada por Dios. Pero no debemos malinterpretar lo que Dios hizo. Él no cambió quién o qué era Moisés; no le dio nuevas habilidades ni fortalezas. Al contrario, tomó las características de Moisés y las moldeó hasta que se adecuaron a sus propósitos. ¿Saber esto hace una diferencia en la forma en que entiendes el propósito de Dios para tu vida? Él está tratando de tomar lo que creó, en primer lugar, y usarlo para sus fines.[5]

## Moisés y las fases de la fe

Moisés luchó tanto con sus acciones como con sus reacciones. Dios lo enseñó a obedecer, pero dejó que viviera con las consecuencias de su desobediencia. Su tiempo en el desierto, después de asesinar a un egipcio abusivo, resultó ser invaluable. Tuvo que dejar las comodidades del palacio en el que había crecido (fase uno) y soportar una experiencia similar a la hambruna al convertirse en un humilde pastor (fase dos) para llegar al punto en el que podía aprender a creer realmente (fase tres). Este es otro ejemplo de Dios tomando una mala situación y usándola para bien. Vivir en el desierto, pastorear un rebaño y aprender a escuchar a Dios preparó a Moisés para el papel que estaba destinado a desempeñar. Y lo preparó para pasar por las siguientes dos fases de muerte y resurrección. Esas son algunas de las muchas experiencias que Dios usó para convertir a Moisés en el hombre que Hebreos 11:24-27 describe:

> Por la fe Moisés, ya adulto, renunció a ser llamado hijo de la hija del faraón. Prefirió ser maltratado con el pueblo de Dios a disfrutar de los efímeros placeres del pecado. Consideró que el oprobio por causa del Mesías era una mayor riqueza que los tesoros de Egipto, porque tenía la mirada puesta en la recompensa. Por la fe salió de Egipto sin tenerle miedo a la ira del rey, pues se mantuvo firme como si estuviera viendo al Invisible.

¡Ah, como quisiera que digan cosas como esas de mí, cuando haya partido!

## ¿Creer o refunfuñar?

Cuando considero todas las lecciones que Moisés tuvo que aprender, la única experiencia de la que más aprendo es la que le impidió entrar a la tierra prometida. Esa escena me rompe el corazón, pero vale la pena estudiarla debido a las ricas verdades espirituales que muestra. Los hijos de Israel salieron de Egipto cuarenta años antes. La mayoría de las primeras generaciones de ese pueblo habían muerto y solo quedaban sus hijos y sus nietos. Moisés, Aarón, Josué y Caleb estaban entre los pocos restantes. Lamentablemente, los hijos de Israel cantaban la misma canción quejumbrosa: «¿Para qué nos trajiste a este desierto, a morir con nuestro ganado? ¿Para qué nos sacaste de Egipto y nos metiste en este horrible lugar? Aquí no hay semillas, ni higueras, ni viñas, ni granados, ¡y ni siquiera hay agua!» (Números 20:4-5).

La mayoría de esos israelitas nunca habían probado personalmente un higo, una uva o una granada. Solo conocían la vida en el desierto. Todo lo que sabían acerca de lo que se estaban perdiendo era lo que aprendieron de sus desobedientes y quejumbrosos padres. Esos padres tenían muchas historias que podrían haber compartido para recordar constantemente a sus hijos la fidelidad de Dios. Sin embargo, las actitudes negativas consumieron sus corazones. Entonces, por desdicha, le transmitieron a sus hijos lo contrario. Esto es probablemente lo que más entristeció a Moisés cuando se arrojó boca abajo ante el Señor y le preguntó qué hacer.

## La desobediencia de Moisés

«Y el Señor le dijo a Moisés: "Toma la vara y reúne a la asamblea. En presencia de esta, tú y tu hermano le ordenarán a la roca que dé agua. Así harán que de ella brote agua"» (Números 20:7-8).

En Éxodo 17, Dios le había ordenado a Moisés que golpeara una roca y salió agua. Pero esta vez Moisés solo iba a hablarle a la roca. Dios estaba enseñando a la gente a hacer lo que él dice, aunque no luciera sensato, y a observarlo cumpliendo sus promesas. En Josué 6, los muros de Jericó caen por los gritos del pueblo. Por lo tanto, Números 20 registra un momento crucial que podría haber demostrado al pueblo que Dios puede usar las voces: puede sacar agua de una roca o, como verían más tarde, derribar muros. Pero Moisés, en su frustración y mala reacción a las quejas del pueblo, no obedeció al Señor. En vez de hablarle a la roca, la golpeó dos veces.

Llegó el agua, pero también el duro castigo de Dios para Moisés. «El Señor les dijo a Moisés y a Aarón: "Por no haber confiado en mí, ni haber reconocido mi santidad en presencia de los israelitas, no serán ustedes los que lleven a esta comunidad a la tierra que les he dado"» (Números 20:12).

Podríamos esperar que este punto de la historia se llenara de un gran llanto y un crujir de dientes. Pero no tenemos constancia de ningún tipo de reacción negativa. Sin suplicar piedad, sin clamar por una «repetición», sin suplicar una excepción, sin un largo discurso de «eso no es justo»... nada. La reacción de Moisés parece haber sido finalmente moldeada y configurada para reflejar el imperio de Dios en él.

## Moisés y la promesa

Moisés nunca entró físicamente en la tierra prometida, pero vale la pena señalar dos puntos más. Primero, Moisés deseaba la presencia de Dios más de lo que anhelaba entrar en la tierra prometida. En Éxodo 33:18-23, se cumple el deseo secreto de Moisés de ver a Dios. Aunque solo pudo ver su espalda, de todos modos, vio a Dios. Una vez que lo vio, todo lo demás palideció en comparación. Tal vez por eso no pareció inquietarle ser excluido de entrar a la tierra prometida. Se mantuvo concentrado y continuó liderando a la gente. Mi carne se habría sentido tentada a dejar a esos israelitas quejumbrosos para que se las arreglaran por sí mismos en el desierto, mientras yo me iba y me autocompadecía el resto de mis días debajo de una roca en algún lugar. Pero Moisés no reaccionó en la carne. Permaneció fiel y leal. Terminó desinteresadamente su misión. Hebreos 11 lo recuerda como uno que «perseveró porque vio al Invisible».

En segundo lugar, muchos años después de la muerte de Moisés, se aparece con Jesús en el Monte de la Transfiguración, que resulta estar en la ubicación física de la tierra prometida. «En ese momento aparecieron ante ellos Moisés y Elías, hablando con Jesús» (Mateo 17:3). ¿Entendiste eso? Moisés estaba de pie en la tierra prometida, hablando con Jesús. Cuando antes deseaba ver a Dios, solo podía ver su espalda, pero ahora lo ve cara a cara. Cuán precioso es Dios al darnos este hermoso recordatorio de que él siempre viene por nosotras. Quiere que nuestros sueños se hagan realidad más que nosotras mismas. Él tiene todo planeado, e incluso si las cosas no parecen funcionar en este lado de la gloria, ni siquiera podemos imaginar lo asombrosa que será la eternidad. «Ningún ojo ha visto, ningún oído ha escuchado, ninguna mente humana ha concebido lo que Dios ha preparado para quienes lo aman» (1 Corintios 2:9).

Amiga mía, oro para que, a lo largo de este caminar con Dios en dirección a tu sueño, tu mayor alegría sea ver y experimentar a Dios, ¡ese es el verdadero gozo de toda esta aventura!

# *Estudio bíblico personal*

**1. Lee Éxodo 2:1-10; Hechos 7:20-22; Hebreos 11:23.**
Dios, los padres de Moisés y la hija de Faraón vieron que Moisés no era un niño común. De hecho, fue el libertador elegido que Dios levantó como líder de todo Israel. Aunque la hija del faraón no lo sabía en ese momento, estaba participando en el plan de Dios para un niño especial. ¡Solo Dios podía arreglar que Moisés viviera en el palacio del mismo hombre que estaba tratando de matarlo! Debido a su crianza en el palacio, Moisés tuvo la mejor educación y los recursos de la época. Comprendió la cultura egipcia desde adentro, lo que le dio una perspectiva diferente a cualquier otro israelita de su tiempo. Lo único que le faltó a Moisés de su educación egipcia fue un caminar cercano con Dios. Los cuarenta años de Moisés en el desierto le dieron a Dios suficiente tiempo para remediar esa situación.

Mientras Moisés servía como pastor y vivía como un paria de su pueblo, Dios obraba en su corazón. Dios usó el tiempo de Moisés en el desierto para trabajar en su carácter, completando su preparación. En el desierto, Dios reveló su plan para Moisés. El plan de Dios para cada una de nosotras incluye una preparación única para nuestra asignación particular. ¿Para qué te ha preparado Dios? ¿Para qué te está preparando ahora? ¿Está Dios hablándote en una época desértica? ¿Está preparando tu corazón para algo lo suficientemente grande como para dejarte sin aliento? Dios nos dio el ejemplo de Moisés para asegurarnos que él está trabajando en un plan para nuestras vidas aun cuando no podemos verlo. Moisés se convirtió en un hombre de influencia porque Dios lo preparó de antemano para que lo fuera. En tu cuaderno, escribe algunas de las verdades que has aprendido de tus tiempos en el desierto. ¿Cómo está usando Dios esas verdades para prepararte?

**2. Lee Éxodo 4:10-17; Eclesiastés 4:10; Marcos 6:7.**

Cuando Moisés ofreció excusa tras excusa a Dios, Dios respondió proporcionándole a Aarón, su hermano, para que hablara por él. Dios reconoció la necesidad de Moisés de un socio que lo animara y apoyara en su llamado. También leemos que Jesús envió a sus discípulos «de dos en dos». Claramente, Dios comprende que necesitamos personas cercanas que nos apoyen y nos animen en nuestro llamado. ¿Te ha proporcionado Dios un amigo, cónyuge o pariente que te aliente en tu caminar y ore por ti? Gracias a Dios por esa persona hoy. Si eso es algo que te falta, puedes pedirle a Dios que te proporcione una persona así. Por encima de todo, recuerda que Dios ya te ha dado «un amigo más unido que un hermano» (Proverbios 18:24). Dedica algo de tiempo hoy a agradecer a Dios por ser tu amigo.

**3. Lee Éxodo 4:19-20; Jeremías 10:23.**

Una vez que Moisés confió plenamente en Dios y superó sus temores, regresó a Egipto. Dios le aseguró que estaría seguro en sus viajes, y Moisés emprendió su travesía de fe paso a paso. A veces, sentimos que nuestros pasos son como pasitos de bebé y nos preguntamos si estamos llegando a alguna parte. Todo lo que Dios pide es que demos pasos de obediencia y dejemos que él se encargue del resto. ¿Qué paso te pide Dios que des? No te preocupes por el lugar al que te llevará el viaje. Confía en Dios en el viaje a medida que des cada paso. Cuida lo posible y deja que él se encargue de lo imposible.

# FASE CUATRO

## La muerte

## Trece

# La muerte no es sinónimo de derrota

La tercera fase del camino de fe, el hermoso tiempo de creer en Dios como nunca, es un periodo maravilloso que esperamos que continúe para siempre. Pero Dios tiene más que enseñarnos, por lo que debemos estar dispuestas a entrar en otra temporada de crecimiento. Sorprendentemente, la cuarta fase se llama muerte. Pero no dejes que el nombre te desanime. La muerte trae una nueva vida que no se puede encontrar de otra manera. De hecho, la muerte no significa derrota.

Fui a la universidad para obtener una educación, pero eso no es todo lo que quería. El título que realmente quería no era una licenciatura ni incluso una maestría, sino el de señora. Lo tenía todo planeado, de verdad. Encontraría al Señor Maravilloso, nos enamoraríamos, pasearíamos en la universidad, nos comprometeríamos en mi último año y nos casaríamos el fin de semana después de la graduación. Así que, desde el primer día en la universidad, escaneaba a cada multitud buscando a ese *hombre*. Fui sutil al respecto y jugué duro para conseguirlo, pero examiné mentalmente a cada chico que conocía para discernir si podía ser el indicado.

No *lo* descubrí hasta mi segundo año. Pero en el momento en que lo vi por primera vez, me cautivó. Era alto, moreno, guapo y la estrella del equipo de fútbol. Estaba en los avisos publicitarios de toda la ciudad y en los carteles de todo el recinto universitario. Era súper inteligente. Con una especialización en física, mantuvo un índice de calificaciones de 4.0. Aunque nunca había visitado los pasillos del edificio de ciencias, me inscribí en Física 101. Luego, procedí a reprobar mi primer examen y, de repente, necesitaba desesperadamente un tutor. ¡Qué hermoso plan para reunirme con *él* periódicamente!

Para proteger a los inocentes lo llamaremos Flicktoid, o Flick para abreviar. En poco tiempo, nuestra tutoría se volvió cada vez menos sobre física y más sobre la química que se avecinaba entre nosotros. Dejé la clase, pero la relación estaba en pleno florecimiento y continuó mucho más después de que se olvidara la física.

## La gran sorpresa

Estuvimos saliendo juntos durante el resto de nuestra carrera universitaria. Llené páginas de álbumes con recortes que algún día serían un tesoro para mostrarles a nuestros hijos. Imaginé las caras de las «mini yo» y los «mini él», reunidos alrededor de la mesa de nuestra cocina, mirando con deleite mientras contaba acerca de nuestro romance. *Este es un pétalo de las primeras rosas que papá me regaló. Ah, y aquí hay una foto de un baile formal al que fuimos en las montañas. Y miren, el equipo de fútbol de papá ganó el campeonato nacional ese año. Era una gran estrella. Mamá lo animaba desde las gradas. Fui a todos los juegos de él.*

Flick se graduó un año antes que yo y fue a una escuela de postgrado que estaba a cuatro horas de distancia. Seguimos nuestro noviazgo y, a medida que se acercaba mi graduación, crecía mi expectativa. Habíamos hablado de comprometernos y pensé que la gran pregunta podría surgir en cualquier momento. Cada vez que nos veíamos, imaginaba que ese podría ser el gran día.

Pero la graduación llegó y pasó, y todavía no había anillo de compromiso.

Cuando estaba decidiendo dónde mudarme después que me graduara, él me animó a conseguir un trabajo cerca de su universidad. Pude mudarme a solo unas horas de distancia de él; estaba segura de que esa era una buena señal. Aunque me sentía sola en esa nueva ciudad, me animó el hecho de que mi cumpleaños estaba a solo unas semanas. Pensé que eso debía ser lo que él estaba esperando y eliminé cualquier duda sobre el futuro.

Flick llegó tarde a nuestra cita de mi cumpleaños, quejándose de que el viaje era demasiado para una cita para cenar. A medida que avanzaba la noche, otras pistas deberían haberme advertido que las cosas no iban como esperaba. Pero mi actitud súper optimista me mantuvo deseando lo mejor. Al final de la cena, Flick echó su silla hacia atrás, agarró mi mano y me miró directamente a los ojos. ¡Ah, al fin, el gran momento que esperaba!

Y fue grande, muy grande. Flick me dijo que había conocido a otra persona. Atónita, sin haber recuperado el aliento por la devastadora noticia, Flick continuó: «Debo regresar. ¿Tienes algunos dólares que puedas prestarme para la gasolina?». Estaba tan conmocionada que no solo pagué mi propia cena de cumpleaños, sino que también pagué la gasolina para que se fuera el fulano.

## El pozo

La historia luce divertida ahora, pero en ese momento parecía peor que la muerte. Estaba muy sola. Había desarraigado toda mi vida y había planeado mi futuro en torno a él. Pero él se había ido, al igual que todos mis grandes sueños de casarme. Estaba enojada, herida, deprimida y devastada. El rechazo de ese hombre en el que confiaba me dolió en lo más profundo. Me lanzó a un oscuro pozo de depresión. No podía comer, no podía dormir, no podía imaginar cómo podría superar ese dolor.

Me metí en la cama, me tapé la cabeza con las sábanas y no quise volver a ver la luz del día. Aunque mis responsabilidades, al fin, me hicieron levantar de aquel lecho, simplemente seguí los movimientos normales de la vida. Dentro de mi corazón todavía estaba ese manto de oscuridad.

Un sábado por la mañana, mi compañera de cuarto entró en mi habitación con un anuncio en el periódico de una iglesia grande cerca de nuestro apartamento. Aunque ella no asistía a la iglesia, me animó a que fuera y conociera a algunas personas de mi edad. Ella bromeó: «¡Esa iglesia es tan grande que incluso podrías encontrar a tu esposo!».

Así que fui a esa gran iglesia al día siguiente. Aunque no encontré marido de inmediato, hallé algunos buenos amigos que me ayudaron a superar lo ocurrido con Flick. Más importante aún, cambié mis opiniones sobre lo que realmente importaba en un esposo. Casi un año después, uno de los amigos de mi grupo de estudio bíblico me presentó al hombre más agradable que jamás había conocido... guapo por fuera y, lo que es más importante, por dentro también. Nos hicimos amigos aunque, en secreto, yo esperaba más.

### Solo lo mejor

En ese tiempo pasó algo interesante, lo adivinaste, Flick comenzó a llamar de nuevo. Las cosas no le habían ido bien y me dijo que se dio cuenta del error que había cometido. Quería que volviéramos a nuestra relación. Quería que volviéramos a estar juntos, para siempre. Aunque no estaba segura de que el nuevo joven en el que me había fijado me invitaría a salir alguna vez, sabía que estaba en una encrucijada importante. Flick había sido todo lo que pensé que quería. Un año antes, habría dado cualquier cosa por tenerlo de vuelta, pero no ahora. Tenía una nueva visión de lo que se suponía que era el amor. La persona que ahora me interesaba me trataba amablemente, me animaba en mi relación con el Señor y pagó mi cena cuando salimos con un grupo de amigos, ¡y ni siquiera teníamos un noviazgo ni nada parecido!

Así que llamé a Flick y le dije que todo lo que hubo entre nosotros, había terminado para siempre. Nada de lo que pudiera hacer o decir cambiaría eso. Aunque no había garantías de que algo saldría bien con el joven de la iglesia, estaba segura de que Dios no quería que me conformara con nada menos que lo mejor que él tenía para mí.

Unas semanas más tarde, el joven de la iglesia, al fin, me invitó a salir. Su nombre era Art TerKeurst... y, ocho meses después, nos casamos. Ahora bien, debo decir que nuestro matrimonio no siempre ha sido fácil. Ahora sé que todos esos años de querer desesperadamente que alguien me amara no fueron llantos por un esposo sino por un Salvador. Mi alma anhelaba tener una relación con el Señor, aunque mi corazón había sido engañado al pensar que todos mis errores se arreglarían con un esposo. Pero Art ha sorteado mis tormentas emocionales y espirituales de una manera que Flick nunca lo habría hecho.

## El camino de Dios puede que no sea el más corto

Art es el marido perfecto para mí. Dios sabía lo que necesitaba mucho mejor que yo. Gracias a Dios por no responder las oraciones que elevé para que Flick y yo nos casáramos. Que Flick haya roto mi corazón fue una de las mejores cosas que me han pasado. Fue una especie de muerte, pero no una derrota. Fue una victoria disfrazada.

Mucho de mi vida ha sido así. Las mismas cosas que se sienten como la muerte son en realidad el nacimiento de algo mucho mejor. Más adelante en esta sección aprenderemos mucho sobre los hijos de Israel y su viaje a la tierra prometida. Pero primero quiero recapitular el día inicial de su liberación. No fue el día que salieron de Egipto; fue el día en que Dios los liberó radicalmente de la persecución de sus captores.

Los hijos de Israel fueron guiados por Dios, no por la ruta más corta, sino por la ruta ordenada. Éxodo 13:21 dice: «De día, el Señor iba al frente de ellos en una columna de nube para indicarles el camino; de noche, los alumbraba con una columna de fuego. De ese modo podían viajar de día y de noche». Dios estaba con ellos y les aseguró su presencia de manera visible. Pero llegaron a un punto en su éxodo de Egipto cuando, aunque sabían que Dios estaba allí, se sintieron derrotados. Justo cuando pensaban que habían escapado de los egipcios, el ejército del faraón apareció en el horizonte, corriendo hacia ellos. «Ellos sintieron mucho miedo y clamaron al Señor … ¡Preferimos servir a los egipcios!». ¡Mejor nos hubiera sido servir a los egipcios que morir en el desierto! (Éxodo 14:10-12).

## Su camino es perfecto

Ah, cómo puedo relacionarme con la angustia de ellos y su total consternación. También estuve en ese extraño lugar cuando Flick rompió conmigo. No podía entender por qué Dios me había traído a ese punto solo para permitir que mi corazón se rompiera. Pero si nunca me hubiera mudado para estar más cerca de Flick, nunca habría conocido a Art. No era la ruta más corta ni siquiera la más segura, en mi opinión, pero era la mejor de Dios; y estoy muy agradecida por haberme quedado con él. Si hubiera seguido mis propias opiniones y planes, quién sabe dónde estaría hoy.

Así como Dios no me abandonó, tampoco abandonó a los israelitas. «No tengan miedo —les respondió Moisés—. Mantengan sus posiciones, que hoy mismo serán testigos de la salvación que el Señor realizará en favor de ustedes. A esos egipcios que hoy ven, ¡jamás volverán a verlos! Ustedes quédense quietos, que el Señor presentará batalla por ustedes» (Éxodo 14:13-14).

En el momento en que dejaron de preocuparse, el Señor comenzó a luchar. Les dijo a los israelitas que avanzaran por el mar. Moisés alzó su mano hacia el mar y el agua se dividió, permitiendo a los israelitas una vía de escape. Con un muro de agua a derecha e izquierda, los israelitas cruzaron por tierra seca. Cuando el faraón los siguió, el Señor hizo que el mar se estrellara contra ellos y el ejército egipcio pereció aquel día.

El mar frente a ellos debe haber parecido muy grande, peligroso e impenetrable. El ejército que los perseguía era mortal, terrible y aparentemente indetenible. Pero el Señor era más grande que lo impenetrable y más fuerte que lo imparable. Israel no tenía forma de escapar, pero Dios abrió un nuevo camino, una nueva vía. No solo eso, sino que derrotó a los egipcios; de modo que, como Dios había prometido, Israel nunca volvió a ver a esos egipcios. Su fuerza fue perfecta. Su sincronización fue perfecta. Su plan fue perfecto.

## La muerte es derrotada

Y lo mismo ocurre con nuestras vidas. La muerte parece aterradora, pero no es de temer. Cuando atravieses tiempos de muerte en tu camino de fe, ten la certeza de que Dios ya la venció. «Por tanto, ya que ellos son de carne y hueso, él también compartió esa naturaleza humana para anular, mediante la muerte, al que tiene el dominio de la muerte —es decir, al diablo—, y librar a todos los que por temor a la muerte estaban sometidos a esclavitud durante toda la vida» (Hebreos 2:14-15).

Dios no solo derrotó a la muerte, sino que proporciona la victoria a través de ella. Esta no es tu derrota; este es el valle a la sombra de la montaña que tu alma anhela escalar, una montaña de mayor fe y más intimidad con Dios de lo que jamás pensaste que fuera posible.

> A Jehová he puesto siempre delante de mí; porque está a mi diestra, no seré conmovido. Se alegró por tanto mi corazón, y se gozó mi alma; mi carne también reposará confiadamente; porque no dejarás mi alma en el Seol, ni permitirás que tu santo vea corrupción. Me mostrarás la senda de la vida; en tu presencia hay plenitud de gozo; delicias a tu diestra para siempre (Salmos 16:8-11).

Cuando mueras, tu cuerpo irá a la tumba, pero puedes estar segura de que con Dios tu alma nunca probará la derrota.

# Estudio bíblico personal

## 1. Lee Jeremías 23:23-24.

Dios no es un Dios distante, sentado en un trono lejano. Él es un Dios vivo y activo, consciente de cada pensamiento, cada necesidad, cada angustia, cada muerte en nuestras vidas. Solo necesitamos llamarlo a él, y él invadirá nuestros oscuros lugares secretos llenos de vergüenza y lágrimas, y hará brillar su luz en nuestros corazones. Poco a poco podemos conocer su amor y dejar que su esperanza reemplace nuestro dolor para poder mirar hacia adelante con nuestra confianza firmemente arraigada en él. En tu cuaderno, escribe una breve oración pidiéndole a Dios que sea muy real para ti.

## 2. Lee el Salmo 139:1-10.

Algunos días hago muy bien lo que se relaciona con esta cosa llamada vida. Es entonces cuando me siento como en el versículo 8: «Si subiera al cielo, allí estás tú; si tendiera mi lecho en el fondo del abismo, también estás allí». David termina el versículo 8 con esto: «Si hago mi cama en lo profundo, allí estás tú». Dios está con nosotros en nuestros días de «alabanza a Jesús» y en nuestros días de «querer acurrucarnos en la cama con las mantas sobre la cabeza». Él todavía está allí en nuestros días malos, cantando sobre nosotros (Sofonías 3:17), enjugando nuestras lágrimas (Isaías 25:8) y cuidando nuestro futuro (Jeremías 29:11).

Cuando perdí a mi amor por la universidad, pensé que mi vida había terminado. «Hice mi cama en las profundidades» durante un tiempo mientras lamentaba esa pérdida. No pude ver que lo que pensé que era un final era solo el comienzo. Dios estaba elaborando sus planes para mí, solo tenía que confiar en él. ¿Necesitas confiar en Dios con respecto a algo?

**3. Quizás parezca que Dios está muy lejos** en este momento. No creas esa mentira. Él es un Padre muy involucrado, como nos muestran las Escrituras. Escribe estos versículos en tu cuaderno y observa cómo Dios personalmente te está ministrando a través de cada uno: Isaías 25:8; Jeremías 29:11; Sofonías 3:17.

**4. Lee Habacuc 1:5; Hechos 13:26-41.**

¿Cuál es el «algo» que Habacuc dice que los judíos no creerían? Hechos aplica este versículo refiriéndose a la muerte, sepultura y resurrección de Cristo, lo que sucedió exactamente como lo predijeron los profetas. Me gusta el versículo de Habacuc y puedo contarles muchas veces en las que Dios hizo que sucedieran cosas en mi vida que no podía creer. Desde conocer a mi apuesto esposo, don de Dios, hasta hablar y escribir libros como este, me quedo asombrada de lo que Dios ha hecho, tal como dice el versículo. Doy gracias a Dios por su plan para mi vida y he aprendido a confiar en él todos los días.

Medita en tu vida por un momento. Trata de recordar un instante en el que definitivamente puedas ver a Dios obrando en tu vida, aunque en ese momento te preguntaras si él se había olvidado de ti. La muerte no significaba derrota entonces, como tampoco lo significa ahora. Escribe sobre ese momento en tu cuaderno y ora para que compartas tu historia. Si no estás leyendo este libro con un grupo, ora para que compartas tu historia con una amiga.

**5. Quizás desees orar Efesios 3:20-21** cuando hayas terminado con esta parte del estudio bíblico. Dedica un tiempo a realmente alabar a Dios por la forma en que ha logrado victorias en tu vida. ¡Alábale porque el poder que resucitó a Jesús está obrando en nuestras vidas hoy! Escribe algunas de tus alabanzas en tu cuaderno.

# Catorce

## *La presión a través del dolor*

Mary era una mujer maravillosa. Cada persona a la que tocaba cambiaba en forma positiva. En grandes y pequeños sentidos, Mary era una mujer de gracia, amor y dulce influencia. Ser invitada a una de las fiestas de Mary era siempre lo más destacado de cualquier día festivo. Su objetivo era dejar que su don de la hospitalidad brillara para la gloria de Dios, lo cual hacía. Aunque siempre cautivaba a los asistentes, su objetivo no era impresionar a las personas, sino amarlas. Fuese en una simple reunión familiar o en una gran fiesta de gala, siempre hacía que cada persona se sintiera especial e importante.

Así que puedes imaginar lo amado que siempre se sintió el esposo de Mary. Habían estado casados desde que ella tenía veinte años y dos semanas, y estaban locamente enamorados incluso después de cuarenta años de matrimonio. Ken y Mary se mudaron a mi calle hace varios años y siempre me inspiraron con su amor, devoción y una vida llena de diversión. Su soleada casa amarilla era tan feliz por dentro como siempre parecía por fuera.

Cuando Mary se enteró de que tenía cáncer, lidió con la noticia con el mismo aplomo alegre y actitud positiva que había mostrado toda su vida. Ella y Ken combatieron la enfermedad juntos y fueron dos de los luchadores más valientes que he visto en mi vida. Siempre estuvo a su lado. Ella siempre estaba sonriendo.

Todos pensaban que Mary vencería el cáncer y que saldría airosa de aquello, pero no fue así. Viajaron a Houston para participar en un programa de tratamiento bastante agresivo y se mantuvieron al día con familiares y amigos a través de publicaciones en las redes sociales.

En los últimos días de Mary, yo no podía leer esas publicaciones sin ponerme a sollozar. Cuando finalmente se fue con el Señor, sentí como si el mundo entero se detuviera por un minuto de tristeza cuando ese rayo de sol dejó este lugar. Y ahí estaba Ken, solo. La mano que había tenido durante la mayor parte de su vida ahora estaba rígida. La sonrisa que había sentido tanto gozo al ver ahora había desaparecido. La voz que le encantaba escuchar ahora estaba en silencio. ¿Cuánta presión produce el dolor?

### Disfruta la vida

Unas semanas después de conmemorar la vida de Mary, me encontré con Ken cuando mis hijos y yo estábamos almorzando. Andaba solo. Le pregunté cómo estaba y, aunque sonrió, su respuesta me partió el corazón.

«El silencio me está matando», admitió.

Sin pensarlo, insistí en que viniera a cenar a nuestra casa. Me excusé por no ser la mejor cocinera del mundo, por no garantizar el buen aspecto de la casa y porque somos personas bastante alegres, pero podía garantizar que no habría silencio. Él aceptó.

Cuando Ken llegó, el ambiente en mi casa era muy agitado. Los chicos molestaban a sus hermanas, el cachorro mojó la alfombra, el teléfono estaba sonando, mi hijo menor estaba saltando en el sofá y yo estaba tratando de manejar las dos ollas y una cazuela en las que preparaba nuestra cena. Me disculpé por no recordar ofrecerle algo de beber de inmediato. Cuando amablemente dijo: «No hay problema —agregó—, disfruta esto, Lysa. Disfruta cada momento. El tiempo pasa muy rápido».

Toda la noche, Ken continuó con ese tierno recordatorio. Aunque lo dijo de diversas maneras y en diferentes momentos, el mensaje siempre fue el mismo. *Saborea cada momento de este precioso tiempo. La vida está aquí. La vida preciosa, ruidosa, agitada, desordenada, hermosa, rica e irremplazable está aquí. Y el tiempo para disfrutar de una vida así es corto.*

## Busca las respuestas de Dios

Pasamos una agradable velada con Ken. Lo habíamos invitado a cenar como regalo, pero fuimos nosotros los que recibimos el verdadero tesoro. Cuando se iba y Art lo acompañaba a su coche, se detuvo a la mitad de la acera. Caminó hacia un arbusto de gardenia plantado frente a nuestra casa, un arbusto que he estado sin disfrutar durante once años. Se inclinó hacia una flor, en una de las ramas inferiores, y enterró su rostro en ella mientras respiraba profundamente.

Ver aquello hizo que mi respiración se cortara en mi garganta. Sabía que Ken había estado clamando al Señor para que llenara los espacios que Mary había dejado: su gentileza, su dulce olor, su belleza y su forma de iluminar cualquier lugar al que iba. Ken oró expectante. Esperaba que Dios respondiera y, por lo tanto, pudo reconocer la respuesta cuando llegó. Una flor hecha a mano por el propio Dios fue diseñada, estoy convencida, exclusivamente para Ken.

Ese es el secreto para superar el dolor. Realmente, es el secreto para seguir adelante toda la vida. Aprender a depender de Dios, pedir su provisión y recordar buscar sus respuestas francas. Dios hizo más esa noche que recordarle a Ken su fidelidad. Me recordó lo que es realmente importante y cómo superar el dolor con perspectiva.

Como mujer, la perspectiva a veces se pierde en el mar de las emociones que recorren mi corazón. El corazón de una mujer es un lugar profundo, salvaje y maravilloso lleno de deseos secretos. Deseo que mi vida cuente para algo. Deseo que mis hijos crezcan y se conviertan en buenas personas. Deseo que mi matrimonio esté siempre lleno de amor y devoción. Deseo llevar una vida sin remordimientos. Pero mi mayor deseo secreto debe ser siempre tener más de Dios en mi ser. Este es el único deseo que seguramente nunca decepcionará y nunca me lo podrán quitar. Mi esposo, mis hijos y mi vida tal como la conozco podrían desaparecer en un instante. Pero Dios estará allí a pesar de todo. Solo tengo que tomar la decisión de hacer que mi relación con él sea verdaderamente importante.

Consciente de esto estoy segura de que puedo superar cualquier dolor, decepción e incluso la muerte. Dios está cerca. Él me está acercando, enseñándome lecciones que no puedo aprender de otra manera, revelando más de su carácter, permitiéndome experimentarlo de maneras aún más asombrosas. Sí, la muerte es dura y extremadamente dolorosa. Ya sea un ser querido, un estilo de vida o un sueño, la muerte duele. Lo sé, he pasado por esta fase muchas veces en diversas formas. Pero en vez de solo mirar lo que implica la fase de la muerte, he aprendido a ver lo bueno que ella da.

## Siente la presencia de Dios en las pequeñas cosas

A veces, cuando pasamos por la fase de la muerte de nuestro caminar en la fe, nos consumimos tanto tratando de encontrar la gran resurrección que nos olvidamos de ver a Dios revelarse a sí mismo en maneras más pequeñas a lo largo de nuestro día.

Le pedí a una amiga que está pasando por una fase de muerte muy difícil que escribiera cada día las pequeñas cosas que el Señor había hecho el día anterior que le recordaban su amor. Se asombró de la claridad con la que podía ver la mano de Dios mientras volvía sobre sus pasos y se detenía a reflexionar al respecto. Se había perdido viajando a casa después de visitar a su familia, por lo que le gritó a Dios lo injusto que era estar perdida. Pero su tortuosa ruta la llevó a su restaurante favorito, donde pudo disfrutar de lo que quería para el almuerzo y aun así llegar a casa a tiempo. En el mismo viaje, en un momento dado, el piloto automático del auto dejó de funcionar. Así que redujo la velocidad para ajustar las perillas y tratar de arreglarlo. Solo entonces se dio cuenta de que el límite de velocidad había disminuido y un oficial de policía estaba detrás de ella. Si el piloto automático no hubiera funcionado mal en ese momento, probablemente habría seguido a la misma velocidad y hubiera recibido una multa.

Mi amiga sintió la presencia de Dios al disfrutar su almuerzo favorito y al evitar la multa por exceso de velocidad. Ken vio la obra de Dios en una hermosa flor. ¿Cómo te ha revelado Dios su presencia hoy? Si deseas tener más de él, puedes estar segura de que él está trabajando para mostrarte algo maravilloso en este momento.

# *Estudio bíblico personal*

**1. Lee Éxodo 15:1-21.**

Cuando los hijos de Israel cruzaron el Mar Rojo y salieron al otro lado, se detuvieron y cantaron alabanzas al Señor. Cuando vemos a Dios obrando en nuestras vidas, ¿nos detenemos y lo alabamos? ¿Nos detenemos en medio de nuestro afanado vivir para inhalar profundamente la belleza de su creación? ¿Elegimos concentrarnos en los momentos especiales que él nos ha dado y atesorarlos como un canto de alabanza en nuestro corazón para él? Escribe tus pensamientos en tu cuaderno.

**2. Lee el Salmo 22:3-5; 99:1-3.**

Estos versículos nos dicen que Dios, que es más santo y majestuoso de lo que podemos entender, habita en nuestras alabanzas. Si queremos experimentar un caminar más cercano con él, solo necesitamos alabarlo. Su presencia nos abrumará cuando decidamos salirnos del camino normal y observar las bendiciones que nos envía cada día. Que aprendamos a enviar oraciones de agradecimiento y alabanza a medida que avanzamos en nuestros días.

Podemos hacer oraciones de acción de gracias por lo que él hace por nosotras: Gracias, Padre, por el sonido de la risa. Gracias, padre, por el hermoso clima. Gracias, Padre, por saber qué es lo mejor para mí. Gracias, Padre, por tu plan para mi vida. Anota algunas cosas por las que estás agradecida.

También podemos alabarlo simplemente por lo que es. Te alabo, Padre, por tu soberanía. Te alabo, Señor, por ser el Señor de todo. Tú, Señor, eres mi Rey, mi Roca, mi Redentor. Te alabo solo a ti. Esta canción puede estar siempre en nuestros labios mientras comulgamos con él en medio de nuestros días. Graba algunas alabanzas por lo que Dios es para ti personalmente.

Haz lo mismo que le pedí a mi amiga: piensa en el ayer y escribe cada pequeña forma en que Dios te aseguró que estaba contigo.

### 3. Lee 2 Corintios 10:5.

Subraya la frase «lleva cautivo todo pensamiento». Dios es un Dios de detalles. Es ordenado. Él tiene el control. Es intencional en todo lo que hace. Y por eso desea que nosotras también seamos intencionales. Así como debemos llevar cautivo todo pensamiento, también deberíamos llevar cautivo cada momento para alabarlo. ¿Estás dejando pasar esos momentos? ¿Qué te impide alabar a Dios con más frecuencia y cómo puedes hacer que el alabarlo más a menudo sea una prioridad?

4. **Caminé por mi acera** durante once años, sin desviarme de mi rutina para detenerme y tomar cautivo un momento para regocijarme en un regalo que Dios tenía esperándome con solo ver. La lección de Ken para mí esa noche fue tomar cautivo cada momento para notar las bendiciones en mi vida, tanto grandes como pequeñas, y darle a Dios la alabanza cuando lo hago.

Escribe una alabanza al Señor en tu cuaderno. En concreto, alábalo por la forma en que te proveyó recientemente. Su provisión puede haber llegado de una manera inesperada, pero no fue menos que una respuesta a tus oraciones. Ken oró por más tiempo con su amada Mary. Sin embargo, está aprendiendo a ver la provisión de Dios de otras maneras en la tierra hasta el día en que se una a Mary para alabarlo en el cielo. Dios satisfará todas nuestras necesidades tal como satisfizo las de Ken. Toma cautivo cada momento para concentrarte en sus dones para ti, sin importar tus circunstancias. Escribe tu alabanza por su provisión para ti en tu cuaderno.

# A Dios no lo sorprende la muerte

¿Has notado alguna vez que la naturaleza no se resiste a Dios? Piensa en la pequeña semilla que se planta. Esa semilla se hunde en un lugar oscuro y desordenado. Luego debe pasar por una especie de muerte. La semilla debe dejar de existir como tal cuando su cáscara comienza a desintegrarse y romperse antes de que la vida brote de ella. Al seguir el diseño de Dios, la vida brota de esa semilla, atraviesa la tierra y encuentra vida en la luz. ¿Quién hubiera pensado que una gloriosa planta podría provenir de una pequeña semilla en un lugar oscuro?

¿Qué habría sucedido si la semilla hubiera resistido a Dios y conservado su forma original? Habría evitado el trauma del cambio, pero piensa en todo lo que habría perdido. Nunca habría conocido lo mejor de Dios. ¡Cómo nos parecemos a veces a esa pequeña semilla!

## La semilla de una visión

He actuado como esa semilla y me he resistido a Dios cuando la tarea que se me ha presentado parece demasiado grande, demasiado lenta, demasiado arriesgada, demasiado costosa. Actué como esa semilla cuando Dios me dio la visión de mi ministerio personal y el llamado a servirle. *¿Cómo, Dios?* Me sentí tan pequeña, tan incapaz, tan temerosa de intentarlo y fallar. Cuando mi ministerio comenzó, estaba dispuesta a asumir las pequeñas tareas que Dios me encomendaba. Lo hice muchos años, llegando a muchas mujeres con un mensaje de aliento. Pero sabía que Dios quería que diera un nuevo paso. *¿Cómo, Dios?*

Entonces tuve la idea de que tal vez podría hablar en un gran evento junto con otras oradoras.

Las otras oradoras más famosas podrían atraer a la multitud, yo podría cumplir con mi propia tarea, y todas alabaríamos a Dios gozosas y nos iríamos a casa felices. Entonces comencé a orar por un evento en un gran escenario. ¿No te encanta cuando la gente intenta hacerle sugerencias a Dios? (Ah... nota para mí misma: esta *no* es una buena idea).

Me emocioné cuando finalmente recibí la invitación. Me invitaron a hablar en un evento en un estadio con una asistencia esperada de cinco mil personas. Estaba muy emocionada el día que abordé el avión para volar al evento. Por fin mis oraciones fueron contestadas y la vida fue buena... al menos hasta la mañana siguiente a las 7:50.

### La sorpresa

Yo iba a ser la oradora principal de apertura a las 8:00 de la mañana. El programa del día era repleto desde temprano, en la mañana, hasta la noche con sesiones que se desarrollarían cada hora para ser presentadas por una gran cantidad de oradoras. A las 7:50 de la mañana comencé a ponerme un poco nerviosa porque la multitud aún no había llegado. Me ocupé de mi mesa de libros, no es que estuviera muy llena de visitantes, pero mover y enderezar esos libros me dio la oportunidad de aliviar mis nervios. Sonreí a las otras oradoras que hacían lo mismo. Todas nos movíamos, nos enderezábamos y sonreíamos.

Entonces entraron dos personas y, de repente, se añadió un nuevo paso a nuestro incómodo movimiento. Aquello se convirtió en un movimiento de cuatro pasos: cambiando, enderezando, sonriendo y dando la bienvenida. Las dos mujeres demasiado bienvenidas se sorprendieron al ver la variedad de asientos tan amplios que tenían a su disposición. Habían traído paraguas de Barbie para que sus amigas que llegaban un poco más tarde pudieran ver su ubicación exacta en el gran estadio.

A las ocho de la mañana llegó el momento de reconocer el gigantesco chasco que estaba ante nosotras en aquel gran escenario. ¡Había dos personas en la arena y unas 4998 personas estaban desaparecidas!

Las asistentes guardaron sus paraguas debajo de sus asientos y se entretuvieron con sus propios movimientos nerviosos. El de ellas era uno de dos pasos: charlar y mirar. Charlaban un rato y luego miraban alrededor del escenario. Creo que todas seguimos pensando que estos pequeños y tontos movimientos nerviosos de alguna manera atraerían a la gente para que viniera y llenara el lugar, de modo que continuaríamos con la conferencia como estaba planeado. Pero no iba a ser así.

## Dios no se sorprendió

El tiempo pasó sin muchas novedades. A las 10:30 nuestra multitud alcanzó su punto máximo de doce mujeres. Decididas a sacar lo mejor de aquella situación, una de las otras oradoras y yo nos encargamos del evento. Les pedimos a las damas que nos ayudaran a trasladar unas sillas plegables al vestíbulo, donde podrían sentarse en círculo mientras transmitíamos nuestros mensajes. Al cabo de unos momentos ya no importaba cuántas personas había allí, ya que sabíamos sin duda alguna que Dios estaba con nosotras. Reímos, lloramos, pedimos pizza y cumplimos el propósito de Dios para ese día. Nuestros planes no salieron a la perfección, ya que fuimos interrumpidas por la ruidosa banda musical que tocaba en un auditorio contiguo, así que decidimos trasladar nuestras sillas al estacionamiento. Luego vino una plaga repentina de moscas (conté diecisiete alrededor de mí); después fue un avión teledirigido que sobrevoló por encima de nosotras y que sonaba como una vaca moribunda; ah, y por supuesto lluvia. ¡Bueno, al menos usamos aquellos paraguas de Barbie!

*Pero Dios*. Me encanta esta cita de dos palabras porque la vida literalmente puede desmoronarse a nuestro alrededor, *pero Dios es bueno*, ¡y ningún lío en el que nos encontremos puede cambiar ese hecho! Recuerdas la pequeña semilla. Ah, cuánto quería resistir a Dios ese día. Quería empacar mis cosas y volar a casa. Muchas de las oradoras lo hicieron, pero sabía que Dios me estaba diciendo que me mantuviera en esa situación difícil. Que cumpliera la misión de una manera que honrara a Dios. Que mostrara amor a esas mujeres que asistieron. Hoy puedo decirte que no te preocupes cuando tengas que dejar morir tu sueño, porque de alguna manera la vida surgirá de ello.

Dios es bueno. Él está mucho más interesado en formar nuestro carácter para que coincida con nuestro llamado, que en manipular nuestras circunstancias para hacernos felices. Dios pudo haber llenado ese auditorio aquel día. Podría haber cambiado todo tipo de circunstancias. Pero la economía de Dios es diferente a la nuestra. Esa vez les dije a esas doce mujeres que creía que Dios se había detenido en ese lugar para llamar nuestra atención por diferentes razones y que usaría las circunstancias de ese día para grandes cosas.

¿Acaso crees que vi las grandes bendiciones de mi cooperación con Dios al instante? Nada de eso. Cuando las coordinadoras del evento vinieron a recogernos a mi asistente y a mí, al día siguiente, para llevarnos al aeropuerto, la conversación con ellas fue incómoda. Todavía me sentía un poco conmocionada por lo que había sucedido y, sin embargo, Dios me estaba instando a perdonar su falta de planificación, animarlas y amarlas. Así que eso fue lo que hice.

¿Me bendijo Dios de inmediato por cooperar? Otra vez, no. Aproximadamente a una hora del aeropuerto, el auto se averió, ¡y mi asistente y yo acabamos teniendo que hacer autostop hasta el aeropuerto! Una vez que al fin abordamos en el avión rumbo a casa, no supe si reír o llorar. Para ser franca, no sabía qué sentir. La semilla se estaba agrietando en el lugar oscuro y profundo, y dolía.

## El quebrantamiento no margina

¿Fue esta la muerte de mi sueño? ¿Por qué Dios plantaría una visión en mi corazón y luego dejaría que aquello resultara así? En momentos como ese, tengo que vivir basándome en la verdad de lo que Dios dice que es y no en mis sentimientos. Mis sentimientos estaban heridos, mi corazón estaba roto y no podía procesar esa actividad de una manera que me hiciera sentir mejor. Así que tuve que confiar en la verdad de que Dios es bueno, que él tiene cada detalle en su perfecto control, por lo que todo eso iba a salir bien; entre tanto, no puedo confiar en mis emociones. Al contrario, debo buscar la perspectiva de Dios. Aun en mi estado quebrantado, tenía que seguir buscándolo.

Si le preguntaras a la mayoría de las personas si desean una vida de fe extraordinaria, probablemente dirían que sí. Entonces, ¿por qué no hay más personas viviendo ese deseo? Porque confunden el quebrantamiento con ser marginados por Dios. El quebrantamiento es lo que debe suceder antes de que Dios vuelva a unir las piezas de la mejor manera posible para ti.

El primer sermón escrito que Jesús predicó a las multitudes en la Biblia es el Sermón del Monte. Lo encontramos en Mateo 5,

justo después de que él les dice a sus discípulos en el capítulo 4:
«Vengan, síganme». Así que ese fue un discurso importante para
Jesús. Aunque había estado enseñando y predicando por todo el
país, ese sermón debe haber tenido una importancia especial y es
la primera vez que lo escuchamos palabra por palabra. De todos
los temas sobre los que podría haber elegido hablar, habló sobre
el quebrantamiento.

Piénsalo. Había invitado a los discípulos a dejarlo todo y
seguirlo. Atrajo a una gran multitud. Era la comidilla de la ciudad, la atracción principal, la que todos querían ver. ¿No puedes
sentir la emoción de los discípulos? ¿No ves sus pechos hinchados
y sus pasos seguros? ¿De manera que Jesús los reúne y les da un
impulso a su confianza en sí mismos, lo crees?

No, les enseña la importancia del quebrantamiento.

> Bienaventurados los pobres de espíritu...
> Bienaventurados los que lloran...
> Bienaventurados los mansos...
> Bienaventurados los que tienen hambre y sed de
> justicia...
> Bienaventurados los misericordiosos...
> Bienaventurados los de limpio corazón...
> Bienaventurados los pacificadores...
> Bienaventurados los que padecen persecución por
> causa de la justicia… (Mateo 5:3-10 RVR1960).

En todos mis años que he leído estas Escrituras, las percibí como
declaraciones individuales, pero sin captar una visión extraordinaria. ¿Qué pasaría si Jesús no quisiera que las leyéramos por sepa-
rado, sino más bien como etapas fluidas de quebrantamiento como
las siguientes?

Bienaventurados los pobres de espíritu ... los quebrantados.
Bienaventurados los que lloran ... los quebrantados al punto que lloran mucho.
Bienaventurados los mansos ... que lloran al punto de que son humillados por las cosas mundanas.
Bienaventurados los que tienen hambre y sed de justicia ... los que son humillados y desea ser llenos solo de Dios.
Bienaventurados los misericordiosos ... los que están llenos de Dios y son capaces de derramar misericordia sobre los demás.
Bienaventurados los de limpio corazón ... que extienden misericordia libremente y viven con un corazón que dice «sí» a Dios.
Bienaventurados los pacificadores… que le dicen sí a Dios y traen su paz a dondequiera que van.
Bienaventurados los que son perseguidos por causa de la justicia ... los que están seguros en la paz de Dios y que aun cuando enfrenten dificultades, confían y caminan ciegamente con él sin importarles nada más.[6]

Hermoso, ¿no es así? Luego Jesús continúa diciendo en los versículos 13 al 16: «Vosotros sois la sal de la tierra ... la luz del mundo ... que brille vuestra luz delante de los hombres, para que vean vuestras buenas obras y alaben a vuestro Padre que está en los cielos».

*Oh Señor, gracias por aclararnos esto sobre la belleza y el valor del quebrantamiento. Que yo pueda ver, para siempre, las circunstancias quebrantadoras y las experiencias de mi vida de una manera nueva. Gracias por amarme lo suficiente como para salvarme de mis ideas y mis deseos. Solo tu camino perfecto a través del quebrantamiento puede revelar la mejor senda a recorrer. Sé que la muerte no te sorprende, Señor, y que el quebrantamiento no significa un final. Alabado seas por los nuevos comienzos, aun cuando todavía no podamos verlos. Gracias por el privilegio de estar lo suficientemente quebrantada para hacer brillar tu luz a través de mi vida.*

# *Estudio bíblico personal*

**1. Lee Oseas 13:14; 1 Corintios 15:55-57.**

Jesús venció a la muerte de una vez por todas en la cruz. Dios tenía un plan para nuestra salvación para que nadie pereciera (2 Pedro 3:9). Dios, en su soberanía, ofreció a su único Hijo para que pudiéramos ser redimidos. La muerte no sorprendió a Dios entonces ni ahora. Incluso cuando Jesús estaba en la cruz, tenía el control de la muerte. En Lucas 23:46, dice: «Padre, en tus manos encomiendo mi espíritu». Juan 19:30 dice: «Cuando hubo recibido la bebida, Jesús dijo: "Consumado es". Con eso, inclinó la cabeza y entregó el espíritu». Eligió el momento de su muerte. Realmente no fue asesinado por aquellos que lo crucificaron, ni se sorprendió por la debilidad de su cuerpo. Decidió entregar su espíritu en las manos de Dios. Juan 10:17-18 nos muestra que Dios tiene el control de todas las cosas, incluso de la muerte. Escribe tus pensamientos en tu cuaderno.

**2. Lee 1 Tesalonicenses 5:1-11.**

A Dios no le sorprende la muerte. En su misericordia, él también nos ha proporcionado una manera de no dejarnos sorprender por las cosas de este mundo. El versículo 4 de este pasaje nos dice: «Pero ustedes, hermanos, no están en tinieblas para que este día los sorprenda como un ladrón». El pasaje continúa diciéndonos que somos «hijos [e hijas] de la luz» (versículo 5). Dios nos ha dado su luz y esa luz brilla más cuando estamos en su Palabra. Él ha dado su Palabra para capacitarnos, equiparnos y prepararnos para la batalla como se describe en el versículo 8. Él nos amó lo suficiente como para revelarse a nosotras para que tampoco nos sorprendan las cosas de este mundo. Comprométete en tu corazón a familiarizarte mejor con el Dios del universo a través de su

Palabra. Lee el Salmo 119 y enumera algunas de las cosas que la Palabra de Dios hace por nosotras.

### 3. Lee Lucas 19:10.

La misión de Jesús era construir su reino ofreciendo salvación a todos los que crean. La verdad contundente sobre el sueño de Jesús era que estaba dispuesto a morir por él. De hecho, su muerte fue el componente fundamental de su sueño. Para lograr el resultado deseado, tuvo que dar su vida. Las Escrituras nos muestran que él era un ser humano y sentía las mismas emociones acerca de la muerte que nosotros. Lucas 22:42 nos dice que Jesús decidió aceptar la voluntad de Dios, al punto que estuvo dispuesto a sufrir la muerte. La muerte siempre fue parte del plan de Dios para lograr su sueño. Aunque él requiera la muerte, puedes confiar en su plan perfecto para cumplir su sueño contigo. Dios te ama y siempre está presente. Esta verdad está entretejida a lo largo de las Escrituras. Aparta un tiempo para reflexionar sobre estas promesas, y luego revisa la Biblia y encuentra promesas que realmente te hablen. Escríbelas en tu cuaderno y consulta estos versículos durante ese tiempo. Si estás haciendo este estudio con un grupo, comparte algunos de los versículos para animarse mutuamente.

# Dieciséis

# La porción, la posición
# y la promesa de Dios

He tenido una gran semana con Brooke, mi dulce hija de cinco años. Déjame darte algunos de los aspectos más destacados:

Miss Thing, como la llamamos cariñosamente, se metió en problemas en casa por hacer un comentario inteligente y tuvo que ser castigada. Al día siguiente, mientras me preparaba en el baño, la vi en la bañera, riendo. Cuando le pregunté qué le era tan divertido, respondió: «Bueno, me prometí a mí misma que no te diría esto, pero no puedo evitarlo. Antes de que me castigaras ayer, me puse cinco pares de ropa interior y los pantalones más gruesos que pude encontrar. ¡Ni siquiera sentí los azotes!». *¿Qué? Mi dulce Brooke... ¿es realmente tan conspiradora?*

Apenas me había recuperado del fiasco de las nalgadas cuando mi hija de nueve años me informó que había sorprendido a Miss Thing afeitándose las piernas con la navaja de su papá. Cuando confronté a Brooke por eso, sonrió y dijo: «Mamá, tengo las piernas demasiado peludas. Las "rasuré" y no me corté ni una vez, así que, ¿cuál es el gran problema?». ¿El gran problema? «El gran problema», le respondí, «es que tienes cinco años y *no* vas a estar «rasurándote» las piernas. ¡Ni hoy, ni mañana, ni en los próximos años!». *Mi dulce Brooke... ¿es realmente tan astuta?*

Luego vino ¡lo verdaderamente impresionante! Mi niñera había llevado a mis hijas a una joyería para que recogieran un brazalete con unos dijes que les íbamos a regalar. No pasaron mucho tiempo en la tienda antes que la visión de su propio brazalete con dijes comenzara a revolotear en la mente de Miss Thing. Con su cumpleaños a solo unas semanas y la Navidad a la vuelta de la esquina, no se le ocurrió simplemente pedir su propia pulsera y esperar que se la entregaran. Ella quería una pulsera con dijes *ya*. La niñera le dijo que no y pensamos que eso era el final.

Pero no lo fue. Al día siguiente, cuando su hermana metió la mano en el bolsillo de los pantalones que Brooke había estado usando en la joyería, encontró ¡ocho dijes de plata! La acompañé de regreso a la tienda, devolví los dijes y le hice disculparse con la más humillante disculpa. Con la ayuda del empleado de la tienda, también le expliqué a Brooke que ese incidente podría llevarla a la cárcel y que habría que llamar a la policía. Después de su breve conversación con un oficial de policía, yo estaba segura de que ese sería el final de sus días como ladrona de tiendas. *Mi dulce Brooke... ¿en verdad es tan propensa a pecar?*

## Un hecho indiscutible

¿En qué me he equivocado como madre? Quiero decir, ella es una niña preciosa o al menos lo era hasta hacía unos días. Pero tuve que enfrentarme a un hecho indiscutible. La solución fácil sería señalarme a mí misma y esforzarme un poco más por ser una mejor madre. Y darme un margen para mejorar, pero esa no es la solución definitiva. Por mucho que me gustaría pensar en Brooke como el dulce angelito que parece ser, no puedo dejar que sus grandes ojos azules y su ondulado cabello rubio me engañen. Ella es pecadora. Está contagiada con la misma naturaleza pecaminosa con la que están contaminados los demás hijos de Dios, incluida yo. Sin Dios, ella estaría abandonada a sus propias decisiones y pensamientos erróneos. Pero con Dios, ella tiene la esperanza de un tipo de vida diferente. Cuando estudio a los hijos de Dios, me siento mucho mejor con los míos. Aun él, el Padre perfecto, tenía algunos hijos muy conspiradores, ¡astutos y propensos a pecar! Debo admitir que en el pasado he sido bastante severa al pensar ocasionalmente en los hijos de Israel. No puedo evitar leer sus historias y pensar: *¡Estúpidos locos! ¡Cómo pueden ver lo que vieron y vivir lo que vivieron y aún dudan y se quejan contra Dios!* La triste verdad es que lo mismo ocurre en mi propia vida. He tenido mi propio Mar Rojo abierto de par en par, me he deleitado en la provisión que él me da una y otra vez, y —con todo y eso— a menudo sigo mi propio camino.

Al igual que los hijos de Israel y mi dulce hija Brooke, *soy pecadora.*

Mientras vivamos en la tierra, pecaremos. Pero el pecado no tiene por qué gobernarnos ni arruinar nuestras vidas. Si podemos recordar algunas lecciones de los hijos de Israel, estaremos mucho mejor equipados para evitar las trampas del pecado. Comprender la porción, la posición y la promesa de Dios será clave a medida que avancemos de la fase de la muerte a la dulce tierra prometida de la resurrección.

## La porción de Dios

No mucho después de que los hijos de Israel vieron la división del Mar Rojo y presenciaron los cadáveres de sus enemigos ser arrastrados a la orilla, se olvidaron de la asombrosa habilidad de Dios para proveer. En Éxodo 15:21 encontramos cánticos de alabanza a Dios: «Canten al SEÑOR, que se ha coronado de triunfo arrojando al mar caballos y jinetes». Pero solo tres versículos después, las alabanzas se han desvanecido de sus labios y, en su lugar, encontramos una melodía muy diferente. «Comenzaron entonces a murmurar...» (Éxodo 15:24). Y continuaron murmurando a pesar de que Dios prometió cuidarlos y proveerles.

El Salmo 78:22-25 dice: «Porque no confiaron en Dios, ni creyeron que él los salvaría. Desde lo alto dio una orden a las nubes, y se abrieron las puertas de los cielos. Hizo que les lloviera maná, para que comieran; pan del cielo les dio a comer. Todos ellos comieron pan de ángeles; Dios les envió comida hasta saciarlos».

Aunque no merecían su provisión, Dios tuvo misericordia de ellos y les proveyó. La forma en que lo hizo requirió que ellos buscaran una relación con él a diario, recibiendo su porción todos los días. Dios continuó revelándose a su pueblo a través de la manera en que proveyó. Y todavía hace lo mismo con todos sus hijos.

*La gran mentira*

Creo que una de las herramientas más importantes que Satanás usa para evitar que las personas crezcan en su fe y sigan los sueños que Dios ha puesto en sus corazones es la mentira de que tenemos que hacer todo bien antes de que Dios nos preste atención. Tenemos que orar largas y eminentes oraciones. Tenemos que apartar un poco de tiempo en las primeras horas del amanecer para hacer un estudio bíblico en profundidad. Tenemos que obtener un conocimiento de la Biblia a nivel de seminario y ser capaces de predicar de manera expositiva sobre todos y cada uno de los temas que puedan surgir en nuestras conversaciones con los demás. Una vez que alcanzamos este pináculo en nuestra fe, Dios se sienta, toma nota de nuestra devoción y nos presta atención.

¡No! ¡Esa no es la forma en que funciona!

Sí, Dios quiere que oremos, que leamos nuestra Biblia y que le hablemos a otros acerca de él. Pero él quiere que hagamos esas cosas como una respuesta natural de un corazón que se deleita en nuestra relación con él. Dios nos ama a cada una de nosotras y quiere pasar tiempo con nosotras, no porque esté en nuestra lista de cosas por hacer, sino porque deseamos estar en contacto con él durante todo el día. Quiere estar con sus hijos. Quiere llenar los vacíos en los que cada una de nosotras falla.

*Nuestras debilidades*

Cuando Pablo le suplicó a Dios que le quitara su «aguijón», Dios se negó y dijo: «Bástate mi gracia, porque mi poder se perfecciona en tu debilidad». Pablo continúa diciendo: «Por lo tanto, gustosamente haré más bien alarde de mis debilidades, para que permanezca sobre mí el poder de Cristo. Por eso me regocijo en debilidades, insultos, privaciones, persecuciones y dificultades que sufro por Cristo; porque, cuando soy débil, entonces soy fuerte» (2 Corintios 12:9-10).

En esa misma actitud, Dios proveyó para los hijos de Israel de una manera que los hizo reconocer su debilidad y la capacidad de Dios para proveerles. «Entonces el Señor le dijo a Moisés: "Voy a hacer que les llueva pan del cielo. El pueblo deberá salir todos los días a recoger su ración diaria. Voy a ponerlos a prueba, para ver si cumplen o no mis instrucciones. El día sexto recogerán una doble porción, y todo esto lo dejarán preparado"» (Éxodo 16:4-5).

Todos los días, los israelitas tenían que recibir su porción. Yo he aprendido a hacer lo mismo. Donde sea que me sienta débil, incapaz o inadecuada, le pido a Dios que sea mi porción y llene mis vacíos. Ya sea que se me acabe la paciencia con mis hijos, el amor por mi esposo, el perdón por alguien que me lastimó o una de muchas otras formas en las que a veces pierdo la entereza, me despierto por la mañana y comienzo el día pidiéndole a Dios mi porción de lo que necesito.

Encontramos estas oraciones acerca de la «porción» en toda la Biblia. Salmos 73:26 (RVR1960): «Mi carne y mi corazón desfallecen; mas la roca de mi corazón y mi porción es Dios para siempre». Lamentaciones 3:22-24: «El gran amor del Señor nunca se acaba, y su compasión jamás se agota. Cada mañana se renuevan sus bondades; ¡muy grande es su fidelidad! Por tanto, digo: El Señor es todo lo que tengo. ¡En él esperaré!». Incluso Jesús, al enseñarnos la oración del Señor, oró por su porción: «Danos hoy nuestro pan de cada día» (Mateo 6:11). Si él tenía que orar por su porción, ¿por qué no tendríamos que hacerlo nosotras?

Aunque estés fallándole a Dios, pídele que sea tu porción y que llene tus vacíos. Luego, observa su mano en acción y agradécele por las muchas formas en que él se revelará a ti cada día.

## La posición de Dios

Dios no solo quiere que confiemos en él por nuestra porción diaria, sino que también exige que mantengamos el primer lugar en nuestras vidas reservado para él. Es fácil estar tan absortas con nuestra tierra prometida que olvidemos al que nos hizo la promesa. Perdemos de vista el hecho de que Dios plantó ese sueño en nuestro corazón *y que seguramente él lo hará realidad.*

No tendrás ningún dios extranjero, ni te inclinarás ante ningún dios extraño. Yo soy el Señor tu Dios, que te sacó de la tierra de Egipto. Abre bien la boca, y te la llenaré. Pero mi pueblo no me escuchó; Israel no quiso hacerme caso. Por eso los abandoné a su obstinada voluntad, para que actuaran como mejor les pareciera. Si mi pueblo tan solo me escuchara, si Israel quisiera andar por mis caminos, ¡cuán pronto sometería yo a sus enemigos, y volvería mi mano contra sus adversarios! (Salmos 81:9-14).

Pero sus ídolos son de oro y plata, producto de manos humanas. Tienen boca, pero no pueden hablar; ojos, pero no pueden ver; tienen oídos, pero no pueden oír; nariz, pero no pueden oler; tienen manos, pero no pueden palpar; pies, pero no pueden andar; ¡ni un solo sonido emite su garganta! Semejantes a ellos son sus hacedores, y todos los que confían en ellos (Salmos 115:4-8).

Formúlate esta pregunta: *¿Qué es lo que más quiero en la vida?* Si tu respuesta es algo más que no sea Dios, es porque estás adorando a un ídolo de algún tipo. Pídele al Señor que te revele los ídolos que adoras y vuélvete a Dios.

Se alimentan de cenizas, se dejan engañar por su iluso corazón, no pueden salvarse a sí mismos, ni decir: «¡Lo que tengo en mi diestra es una mentira!» «Recuerda estas cosas, Jacob, porque tú eres mi siervo, Israel. Yo te formé, tú eres mi siervo; Israel, yo no te olvidaré. He disipado tus transgresiones como el rocío, y tus pecados como la bruma de la mañana. Vuelve a mí, que te he redimido» (Isaías 44:20-22).

## La promesa de Dios

Para ser franca debo decir que, a veces, me canso de las constantes batallas que enfrento. Casi no resuelvo un problema cuando parece surgir otro. No es que vaya en busca de problemas pero, de alguna manera, siempre parece encontrarme. Aprendí a ver los conflictos de mi vida como «oportunidades de crecimiento». Me dan la oportunidad de reconocer a Dios moldeándome y forjándome para adaptarme al llamado que me ha dado. Dios está interesado en mi carácter, no en mi comodidad.

El año pasado, mis hijas y yo fuimos al taller de un platero. Cuando entramos en la tienda, me impresionó la habilidad artística de ese hombre. Sus piezas eran magníficamente hermosas. Eran tan puras y suaves que pude ver mi reflejo perfectamente. Solo cuando entramos en la sala de trabajo comprendí lo que se necesitaba para que la plata se viera tan reluciente en la sala de exposición. Ver golpear, girar, calentar y golpear un poco más el material me dio un nuevo respeto por todo lo que la plata debe soportar para tener la calidad que requiere a fin de exhibirse en una sala de exposición. Para que ese platero pusiera su nombre en una pieza, tuvo que someterse a un trato que podríamos decir que es duro y cruel. Pero me atrevo a decir que la plata en la sala de exposición diría que valió la pena.

Max Lucado describe el proceso de la platería de esta manera:

> Calor, golpes. Calor, golpes. Plazos, tráfico. Argumentos, irrespeto. Ruidos de sirenas, teléfonos silenciosos. Calor, golpes. Calor, golpes. ¿Sabías que la palabra *herrero*, en la industria de la plata, proviene del antiguo vocablo inglés *smite*? Así que los plateros son profesionales de la herrería, es decir, herreros. Dios también... Dios guarda a los que se vuelven a él. El golpe que sientes no sugiere que esté distante, más bien es prueba de su cercanía. Por tanto, confía en su soberanía.[7]

Dios permite que sienta el calor y los golpes, los roces abrasivos y el pulido en mi ser por una razón. Eso me purifica y me suaviza para que lo refleje a él. «Jehová cumplirá su propósito en mí» (Salmos 138:8, RVR1960). «Mi Padre aún hoy está trabajando» (Juan 5:17). De la misma manera, Dios también pasó tiempo moldeando y refinando a los hijos de Israel.

*El desierto y la promesa*

Su promesa era llevarlos a la tierra prometida. Dios cumplió su promesa como las cumple todas. Pero no llegaron tan rápido como les hubiera gustado. Su desobediencia y la necesidad de profundizar su relación con Dios los mantuvo en el desierto durante cuarenta años. Tal vez te sientas como si estuvieras vagando en tu propio desierto. Quizás te estés preguntando, mientras deambulas, dónde está Dios y qué está haciendo. Tal vez te sientas frustrada con Dios y creas que tu experiencia en el desierto es solo una pérdida de tiempo.

Ten la certeza de que Dios obra en ti como el platero con su plata. Pero también está trabajando alrededor de ti. Así como un actor debe dedicar tiempo a aprender sus parlamentos y familiarizarse con su parte, tú también debes aprender la tuya. Dios está construyendo el escenario, perfeccionando los decorados y reuniendo a la audiencia. No te apresures a leer lo que Dios quiere que aprendas hoy. Mantente cerca de él, permanece receptiva a sus enseñanzas, sé fiel en los ensayos; la noche del estreno está en camino.

Dios también estaba alrededor de los hijos de Israel mientras ellos deambulaban por el desierto. Pero su frustración y sus murmuraciones provocaron la advertencia de Moisés en Deuteronomio 6:10-12:

> El Señor tu Dios te hará entrar en la tierra que les juró a tus antepasados Abraham, Isaac y Jacob. Es una tierra con ciudades grandes y prósperas que tú no edificaste, con casas llenas de toda clase de

bienes que tú no acumulaste, con cisternas que no cavaste, y con viñas y olivares que no plantaste. Cuando comas de ellas y te sacies, cuídate de no olvidarte del Señor, que te sacó de Egipto, la tierra donde viviste en esclavitud.

¿Qué sería más importante que hicieran los hijos de Israel, construir ciudades o construir una relación firme con Dios? ¿Llenar casas o llenar sus corazones con más de Dios? ¿Cavar pozos o profundizar en las verdades de Dios y dejar que estas cambien su actitud? ¿Plantar viñedos y olivares o dejar que sus propias raíces crezcan profundas y firmes como pueblo de Dios?

La fase de la muerte, para ellos, en el desierto fue en realidad un regalo. Les brindó tiempo para estar con Dios y para crecer en su relación con él. Mientras tanto, Dios estaba preparando el escenario. Estaba preparando su tierra prometida mientras enseñaba a sus hijos a aprender a amarlo y a confiar en él simplemente. «Confía en el Señor de todo corazón, y no en tu propia inteligencia. Reconócelo en todos tus caminos, y él allanará tus sendas» (Proverbios 3:5-6).

Oh, hija de Dios, deja que él sea tu *porción* diaria. Estímalo solo a él y mantén la *posición* del Señor como número uno en tu vida. ¡Y observa cómo ha cumplido siempre y siempre cumplirá sus gloriosas promesas! La fase de la muerte está llegando a su fin y tu resurrección está cerca...

# Estudio bíblico personal

**1. La porción: Lee Juan 1:12-13; 1 Juan 5:4-5; Apocalipsis 2:17.**
Cuando leemos en el Antiguo Testamento acerca de que Dios envió maná del cielo para los israelitas, podríamos pensar que es solo una buena historia antigua que realmente no se aplica a nosotras hoy. Estos versículos del Nuevo Testamento nos ayudan a ver que Dios todavía está proporcionando maná a sus hijos e hijas. Este maná no cae visiblemente del cielo, pero no está menos disponible para nosotras como seguidoras de Cristo. Como nos dicen esos versículos, somos vencedoras cuando nos convertimos en hijas de Dios.

Los israelitas eran los hijos escogidos de Dios, pero nosotras también somos sus hijas a través del sacrificio de Jesús y la misericordia de Dios. Como parte de la familia de Dios, él nos da maná escondido, lo que se refiere a la suficiencia de Cristo para proveer las necesidades de los creyentes. Que todos seamos más intencionales en cuanto a permitir que Cristo sea nuestra porción de maná para cada día. Escribe una oración pidiendo la provisión de Dios en un área particular de tu vida.

**2. La posición: Lee Habacuc 2:18-20.**
¿Qué son exactamente los ídolos? En la época del Antiguo Testamento, eran imágenes talladas en madera o piedra, como se describe en estos versículos. Pero hoy los ídolos pueden adoptar muchas formas. Un ídolo es cualquier cosa que se convierta en una barrera para tu relación con Cristo. Cualquier cosa. Incluso esos niños preciosos con los que te ha bendecido. Incluso actividades muy valiosas como el voluntariado o la educación en el hogar pueden convertirse en ídolos si tienen prioridad sobre Dios en tu corazón.

Ahora lee Jueces 6:25-32. Este pasaje describe la primera instrucción de Dios a Gedeón después que fue llamado a liberar al pueblo. ¿Por qué requirió Dios esto de él? Creo que Dios quería una señal externa de la devoción interior de Gedeón por el Señor. Eso se logró derribando físicamente el altar de su padre y reemplazándolo con un altar para Dios. Dios quiere que hagamos lo mismo. Es posible que no necesitemos romper el televisor con un bate de béisbol, pero es probable que necesitemos reducir drásticamente la cantidad de tiempo que pasamos frente a él. Puede que no necesitemos renunciar a nuestros sueños, pero debemos estar dispuestas a hacerlo si es necesario. Debemos colocar el sueño directamente detrás de Dios en nuestra lista de prioridades.

En Mateo 6:33, Jesús nos recuerda que «Más bien, busquen primeramente el reino de Dios y su justicia, y todas estas cosas les serán añadidas». Pasa algún tiempo en oración, pidiéndole a Dios que te revele los ídolos que hay en tu vida. Escribe uno de ellos en tu cuaderno y anota cómo puedes restaurar la perspectiva adecuada en tu vida.

### 3. La promesa: Lee Éxodo 15:13.

Cuando estamos en una época desértica, podemos pensar que Dios está ausente y comenzar a dudar de su promesa. Nos preguntamos: *¿Realmente me llamó a esto? y ¿realmente escuché que me dijo eso?*

Perder nuestro enfoque es fácil cuando el desierto parece vasto e interminable. En este tiempo debemos enfocarnos en el inagotable pacto de amor con Dios. La palabra hebrea para este amor es *hesed*, que significa amor leal, firme e inagotable. Su amor está a nuestra disposición, elaborando sus planes para nosotras, protegiéndonos y cuidándonos mientras atravesamos el desierto. Dedica un momento a agradecer a Dios por lo que ha hecho hoy por ti. Escribe tu agradecimiento en tu cuaderno.

# FASE CINCO

## Resurrección

# Diecisiete

# El sueño de Dios a la manera de Dios

La resurrección, la etapa final de nuestro caminar en la fe, solo ocurre después de que la muerte ha tenido su fugaz imperio victorioso. En otras palabras, la única manera de regocijarse en la resurrección es haberse entristecido antes por la muerte.

Extraño, ¿no te parece? Para el alma que tiene menos confianza en Dios, la fase de la muerte puede parecer casi cruel, injusta e innecesaria. Pero cuanto más nos acercamos al Señor, más nos regocijamos en él. Porque llegamos a reconocer eso como la señal de que la nueva vida que anhelamos desesperadamente —y no podemos conseguir de otra manera— está a la vuelta de la esquina.

Es más, la muerte nos convierte en personas que pueden aceptar los elogios de la resurrección sin orgullo alguno. Recordar la fase de la muerte nos mantiene sumisas y muy conscientes de que la resurrección no tiene nada que ver con nosotras. Nuestros talentos, nuestra creatividad, nuestra manipulación, nuestros arreglos, nuestro estar en el lugar correcto en el momento correcto, *nada de eso genera el bien que está amaneciendo.*

El sueño *de Dios* plantado en nosotras solo es realizado con *su* mano. Solo así podemos dejar que el crédito se le otorgue a quien lo merece. No por nuestros propios esfuerzos, sino por la gracia de Dios, sucedió eso, lo cual —ahora— sabemos muy bien.

El sueño de Dios para nosotras debe hacerse realidad a la manera de Dios.

## Una historia de resurrección

Mi sueño de escribir un libro tuvo que morir antes de que al fin pudiera cobrar vida. Mis esfuerzos por resolver el problema con mi vecina tuvieron que fallar para que pudiera ver la mano de Dios proporcionando su hermosa provisión. Mis pensamientos sobre cómo sería mi familia tuvieron que morir para que un sueño que ni siquiera sabía que tendría pudiera traer la alegría a mis hijos adoptivos. Mi sugerencia a Dios para un evento en un estadio tuvo que fracasar miserablemente antes de que el plan de Dios pudiera ser revelado. Sí, incluso esa escapada tiene una historia de resurrección.

Después de regresar a casa de la más humillante de mis experiencias, debo admitir que me sentí cansada, insegura y vulnerable. Y eso fue algo bueno, esa misma semana fui al concierto donde conocí a mis muchachos liberianos. Dios me humilló y me enseñó mucho durante la fracasada conferencia, pero también me ayudó a ser sensible, en particular. Él pudo haberme hablado la noche de ese concierto, puesto que estaba muy quebrantada.

Estaba tan triste y tan sumisa que no deseaba nada mundano. Solo quería estar llena de Dios, vivir con un corazón dispuesto a decirle «sí» a él; mostrar misericordia y paz a los demás en una manera que solo él podría habilitarme. Pero, al final de esa historia, hubo más que eso.

Mi ayudante, que había estado conmigo en el evento del estadio, se sentía muy mal por la pareja que había organizado la conferencia. Ahora estaban muy endeudadas. Debían miles de dólares a los propietarios del escenario, a los músicos, a las oradoras y a otras empresas involucradas en la conferencia. Pagar la deuda requería un milagro. En lo que a mí respecta, pensé que nunca vería el dinero de mis honorarios como conferenciante y ni siquiera el reembolso de mi pasaje aéreo, pero hice las paces con ese asunto y seguí adelante.

## ¡No es justo!

Pero mi ayudante no podía dejar eso atrás. Así que oró por esas personas. Trató de encontrar una forma de ayudarlas. Por eso, buscó un donante para que las ayudara a salir de su problema financiero. Finalmente, prevaleció y se estremeció de alegría cuando me dijo cómo iba a poder ayudarlas. Solo que había una dificultad. Yo tenía que perdonarles la parte de la deuda que me debían, y luego se pagaría el resto. Ella me miró con una expresión dudosa y dijo: «¿Te parece bien… o no?».

Consideré el asunto. A todas las demás oradoras les iban a pagar, pero no a mí. Nadie más, ni siquiera las irresponsables planificadoras de ese evento, sufriría económicamente con el fracaso, pero yo sí. De repente me sentí como si tuviera ocho años y me castigaran por algo que hizo mi hermana. Puse la peor cara que pude y miré hacia arriba en dirección a donde pensé que podría estar la cara de Dios y dije: nada.

Aunque mi carne quería gritar: «¡No es justo! ¡No es justo! ¡No es justo!», el Espíritu de Dios —en mi interior— me hizo detenerme por un minuto. Al recordar la fidelidad de Dios una vez tras otra, oré en silencio. *Dios, esto no es justo, pero no necesito decírtelo. Así que decido honrarte aquí solo por el hecho de que te amo.*

«Sí», respondí. «Por supuesto que perdonaré mi parte de su deuda». Deseé que mi boca lo dijera. Quería honrar a Dios aun cuando mi carne me gritaba que hiciera lo contrario. Y créeme, mis sentimientos tardaron un tiempo en recuperarse, pero finalmente lo hicieron.

Aunque había tomado una decisión diferente muchas veces antes, esta vez opté por elegir sabiamente. Me sentí bien. Eso se sintió liberador. Se sintió habilitador. De alguna manera, esa vez, luché contra los malos deseos dentro de mí y gané. Romanos 12:1 dice: «Por lo tanto, hermanos, tomando en cuenta la misericordia de Dios, les ruego que cada uno de ustedes, en adoración espiritual, ofrezca su cuerpo como sacrificio vivo, santo y agradable a Dios».

## Tu tierra prometida está cerca

En otras palabras, a la luz de toda la misericordia que Dios me había brindado, que es bastante considerable, ese sacrificio fue pequeño. Fue una oportunidad para ofrecer mis deseos como sacrificio vivo. Sacrificio santo o «apartado». Fue un sacrificio que no podía ser entendido por la sabiduría mundana, pero que verdaderamente agradó a Dios. Al hacer eso, adoré a Dios; en lo cual él se deleitaría.

El Salmo 37:4 dice: «Deléitate en el Señor, y él te concederá los deseos de tu corazón». El mismo día que le entregué esa deuda a Dios, sucedió algo asombroso. Recibí una invitación para participar en un evento en otro estadio. Y no solo uno. Ahora tengo un contrato para realizar cinco eventos con esas nuevas patrocinadoras.

Es posible que parezca que la resurrección ocurrió de inmediato, pero no fue así. Dios tenía otras cosas que necesitaban atención primero. Por ejemplo, oportunidades para mí a fin de que mostrara ser obediente aun antes de esperar la resurrección de lo que mi corazón deseaba. Vale la pena señalar que la resurrección no sucedió hasta que se redimió la deuda.

¿Estás en un período de espera en este momento? Aunque es posible que tu resurrección no suceda tan rápido como te gustaría, está por llegar. Tu tierra prometida está cerca. Mientras tanto, busca oportunidades para honrar al Señor hoy y en todo. Busca una oportunidad para saldar cualquier deuda, perdonar a alguien que te haya lastimado o bendecir a alguien que te haya maldecido. Resiste la tentación de sentirte enojada, desilusionada o celosa de aquellas personas que parecen tener exactamente lo que tú sigues esperando. Decide bendecir a la persona con la que estás enojada, animar a la que te desanima y apoyar a la que te hace sentir celos. Hacer esas cosas destruirá la espiral descendente por la que, de lo contrario, te verás arrastrada.

### Fortaleza en las promesas de Dios

Hacer esas cosas, por tu propia fuerza, sería imposible; pero las promesas de Dios te darán la fuerza. Romanos 12:14, 21 dice: «Bendigan a quienes los persigan; bendigan y no maldigan … No te dejes vencer por el mal; al contrario, vence el mal con el bien». Tus buenas decisiones harán que Satanás huya... huya de ti y huya de tu situación. ¿No es eso lo que deseas?

El apóstol, en 2 Pedro 3:9 dice: «El Señor no tarda en cumplir su promesa, según entienden algunos la tardanza. Más bien, él tiene paciencia con ustedes, porque no quiere que nadie perezca, sino que todos se arrepientan». Este versículo en realidad se refiere al regreso de Jesús, pero observa la razón del retraso: su paciencia. Él está esperando que su pueblo se prepare. Así mismo, también está siendo paciente contigo en este período de espera. Como cualquier padre bueno, Dios desea que te sucedan cosas buenas, pero no las hará contigo hasta que estés lista para recibirlas.

### Gracias a Dios por decir que no

Mientras escribo esto, estoy sentada en una librería *Barnes and Noble*. Un niño grita desde la parte trasera de la tienda: «¡Quiero eso! ¡Lo quiero ya! ¡Lo quiero, lo quiero, lo quiero!». La amiga que anda conmigo solo mira hacia arriba y se sonríe… porque sabe que estamos pensando lo mismo. Si esa mamá se rinde y deja que el niño tenga lo que quiere en ese momento, él dejará de gritar, pero nunca apreciará lo que le dio su madre. Sin embargo, si esa mamá se mantiene firme y le dice «no», el niño puede aprender algunas lecciones muy valiosas:

- «No» no significa que el mundo se va a terminar. Simplemente significa que ahora no, todavía no, no es necesario o no es lo mejor para ti.
- Si esperas lo que tu corazón desea, lo atesoras más cuando al fin lo obtengas.
- Patalear, gritar y tener una mala actitud mientras esperas no es divertido para ti ni para los que te rodean.
- Obtener lo que deseas puede ser lo peor para ti.

A veces pienso que nos parecemos mucho a ese niño gritón. Doy gracias a Dios por los «no» y los «no todavía» que se me han dicho. Aunque pueden no ser lo que he querido, son exactamente lo que necesito. Dios me está preparando para recibir la tierra prometida.

Debo aprender a contentarme con su provisión diaria. Reflexiona en la historia del maná, de la que hablamos en la última sección. Dios fue fiel al proporcionar a los hijos de Israel lo suficiente de su porción para cada día. Pero como ese niño gritón, un día exigieron más. La desilusión surgió cuando se enfocaron más en lo que no tenían que en lo que tenían:

Al populacho que iba con ellos le vino un apetito voraz. Y también los israelitas volvieron a llorar, y dijeron: «¡Quién nos diera carne! ¡Cómo echamos de menos el pescado que comíamos gratis en

Egipto! ¡También comíamos pepinos y melones, y puerros, cebollas y ajos! Pero ahora, tenemos reseca la garganta; ¡y no vemos nada que no sea este maná!» (Números 11:4-6).

¿Luce eso como lo que haría un niño que necesita una disciplina severa o como qué?

Observa la palabra «*populacho*». Eso era la multitud mixta de egipcios y otros que siguieron a Israel fuera de Egipto. Dios podía sacar a la gente de Egipto, pero tenía que disciplinarlos y sacar a Egipto de ellos. Y eso fue lo que hizo. «Al pueblo solo le dirás lo siguiente: "Santifíquense para mañana, pues van a comer carne. Ustedes lloraron ante el Señor, y le dijeron: ¡Quién nos diera carne! ¡En Egipto la pasábamos mejor!". Pues bien, el Señor les dará carne, y tendrán que comérsela. No la comerán un solo día, ni dos, ni cinco, ni diez, ni veinte, sino todo un mes, hasta que les salga por las narices y les provoque náuseas. Y esto, por haber despreciado al Señor, que está en medio de ustedes, y por haberle llorado, diciendo: ¿Por qué tuvimos que salir de Egipto?"» (Números 11:18-20).

La gente no le pidió a Dios que satisficiera su verdadera necesidad, su dolor interior. Se les ocurrió su propia solución y la exigieron de inmediato. Obtuvieron lo que pidieron y eso, como veremos más tarde en Números 11:33-34, se convirtió en la muerte de ellos. Tan cerca de la resurrección, dejaron que el mal consumiera sus corazones mientras esperaban y perdieron la tierra prometida por completo.

El sueño de Dios debe experimentarse a la manera de Dios. Si te conformas con cualquier otra cosa, nunca estarás satisfecha. «Por eso el Señor los espera, para tenerles piedad; por eso se levanta para mostrarles compasión. Porque el Señor es un Dios de justicia. ¡Dichosos todos los que en él esperan!» (Isaías 30:18).

# Estudio bíblico personal

## 1. Lee el Salmo 27:13-14; 33:20; 40:1; 130:5-8.

Al leer estos versículos, vemos que David luchó con la espera tanto como todas nosotras. No es fácil esperar en Dios cuando queremos seguir adelante. Creemos que sabemos cómo deberían salir las cosas y queremos ver una solución. Estos versículos nos muestran diez cosas que podemos hacer mientras esperamos. Una amiga mía llama a esto «esperar activamente».

1. No pierdas la confianza en la bondad de Dios.
2. Sé fuerte.
3. No pierdas la esperanza.
4. Deja que Dios sea tu escudo y tu ayuda.
5. Sé paciente.
6. Continúa clamando a Dios.
7. Aférrate a su Palabra.
8. Está atenta a sus respuestas.
9. Confía en su amor inagotable.
10. Regocíjate en su redención.

Continúa practicando estas diez cosas mientras esperas la resurrección que seguramente seguirá a la muerte.

¿Qué estás esperando? ¿Cómo te ayudará esto?

## 2. Lee Mateo 6:9-13.

La mayoría de nosotras estamos familiarizadas con este pasaje, habiéndolo recitado o cantado innumerables veces. Pero, ¿lo hemos leído en la Biblia y realmente lo hemos aplicado a nuestra propia vida de oración recientemente? Cuando estamos en un tiempo de espera, podemos comunicarnos con el Señor y clamarle como dijo el salmista. Jesús nos enseñó a orar en este pasaje. El versículo 12 me llamó la atención: «Perdónanos nuestras deudas como también nosotros perdonamos a nuestros deudores». Pensé en mi ayudante pidiéndome que cancelara mi deuda, y recordé que Cristo fue a la cruz para cancelar la mía.

Escribe una oración personal usando el Padrenuestro como guía. Utilizando los puntos clave de los versículos que has leído, comienza con estas frases:

Señor, te alabo por...

Ayúdame a hacer tu voluntad... Señor, necesito...

Por favor, perdóname por... Y ayúdame a perdonar...

Estoy luchando con...

Por favor, ayúdame a mantenerme firme.

Porque solo tú eres el Señor, y yo te doy toda la gloria.

Amén.

### 3. Lee el Salmo 16:2; 73:25; Filipenses 3:8.

Aunque nunca llegaremos a la perfección espiritual, debemos recordar que estos tres versículos son nuestra meta. Al caminar con Dios, no debemos desear nada más que tener comunión con él. Cualquier cosa que desees más que eso es un ídolo. Derríbalo así como cuando Gedeón derribó el altar. ¿Hay todavía algo en tu vida que sea más deseable que Dios? Si puedes, escríbelo en tu cuaderno y luego pídele a Dios que te ayude a derribar esa barrera interna que se opone a él.

# Dieciocho

## *Promesa hecha, promesa cumplida*

A unos seis meses de conocer a mis dos hijos de África, escribí lo siguiente en mi diario:

> A veces me abruman las oportunidades ministeriales que se me presentan. Niños que mueren de hambre en tierras lejanas, madres solteras que luchan económicamente en las calles, centros de ayuda para embarazadas que necesitan voluntarios, amigos de la iglesia a los que les caería muy bien que alguien les llevara una comida caliente a sus casas. Veo refugios para indigentes, hogares para mujeres maltratadas y personas en situaciones espantosas que deambulan por las calles de mi ciudad todos los días.
>
> Vivimos en un mundo caído, donde las circunstancias de las personas contradicen lo que Dios quiso que fuera y se convirtiera su pueblo. Sin embargo, aquí estoy sentada en un hogar cálido con una despensa llena de alimentos y tres personitas que miran la forma en que vivo y modelan sus vidas según la mía. Entre tanto, el pensamiento que palpita en mi

cabeza es el siguiente: *Soy una sola persona, tengo tres hijas pequeñas, recursos limitados y un itinerario ocupadísimo. ¿Qué puedo hacer? No puedo corregir todos los errores de este mundo. No puedo ayudar a todos los indefensos.* Entonces, giro la cabeza y no hago nada.

Ah, puedo servir a través de la organización sin fines de lucro «Proverbios 31 Ministries» y en el cuerpo de mi iglesia, pero ¿qué pasa con los desamparados? ¿Qué pasa con aquellos que realmente no tienen nada ni nadie a quien acudir? ¿Quién será Jesús para ellos hoy? ¿Quién encarnará la respuesta bíblica a los necesitados?

Santiago 2:14-17 dice: «¿Hermanos míos, ¿de qué le sirve a uno alegar que tiene fe, si no tiene obras? ¿Acaso podrá salvarlo esa fe? Supongamos que un hermano o una hermana no tiene con qué vestirse y carece del alimento diario, y uno de ustedes le dice: "Que le vaya bien; abríguese y coma hasta saciarse", pero no le da lo necesario para el cuerpo. ¿De qué servirá eso? Así también la fe por sí sola, si no tiene obras, está muerta».

Estoy decidida a dejar de voltear la cabeza, a no darle la espalda a eso. Prometo que, aunque no pueda alcanzarlos a todos, al menos he de alcanzar a uno. Dios, enséñame cuál.

## Una asignación diaria

Poco después de escribir eso, me enteré de un niño llamado Sergei que vivía en un orfanato en Bielorrusia (debajo de Rusia).

A través de otra familia que adoptó a un chico de ese mismo orfanato, pude obtener fotografías de las condiciones de vida que esos pequeños enfrentan todos los días.

Mi corazón se quebrantó. Quería hacer todo lo que pudiera para ayudarlo y comencé a orar para que Dios me dirigiera. Todos los días le pedía a Dios una asignación para ayudar a Sergei. Unos días oraba por él. Otros, lo llamaba y le enviaba correos electrónicos, preguntando sobre las posibilidades de dejarlo viajar para pasar un tiempo en nuestra casa. Aunque tenía limitaciones, Dios bendijo mi obediencia y me asignó algunas tareas que podía hacer.

Recibí una de mis tareas más preciadas en medio de la noche. Me desperté con lágrimas corriendo por mi rostro. Al principio, estaba confundida y le pregunté al Señor por qué lloraba. Dios tocó suavemente mi corazón al responder: *Hoy te llevas las lágrimas de Sergei. Eso es lo que estás haciendo en mi Nombre para cambiar el mundo de hoy. Un huérfano se acostará esta noche sin una sola lágrima.*

Dios ciertamente estaba moviendo algo en mi corazón. Eran más que simples oraciones por un niño huérfano; fueron el comienzo de nuevas aventuras con Dios. Algo estaba despertando en mi espíritu. Mi corazón se estaba volviendo más consciente de cómo latir al mismo tiempo que el corazón del Señor. Una resurrección con significado, propósito y deseo estaba amaneciendo en mi horizonte.

## Servicio secreto

A lo largo de este peregrinaje ministerial, seguí pensando que Dios me estaba buscando para que hiciera grandes cosas por él. Pero ahora estoy convencida de que el Señor no busca escritoras de *best sellers* ni oradoras de grandes auditorios. No busca gente para que sean el centro de atención. Está buscando aquellas almas que estén dispuestas a acercarse a su corazón y a escuchar el clamor de los olvidados. Él quiere que hagamos grandes cosas con él para llegar a «los más pequeños». El ministerio que tiene el mayor impacto es el que se hace en los lugares secretos, las cosas dificultosas que carecen de gloria, pero que están llenas de agallas. Theodore Roosevelt habló de ese tipo de servicio:

> «No es el crítico el que cuenta; no el hombre que señala al fuerte que tropieza, o comenta donde el que hizo, pudo haberlo hecho mejor. El crédito pertenece al hombre que está realmente en la arena, cuya cara se mancha de polvo, sudor y sangre; que lucha valientemente; que se equivoca, que falla una y otra vez, porque no hay esfuerzo sin error y defecto; pero que de igual forma se esfuerza por hacer; que conoce el gran entusiasmo y las grandes devociones; que se entrega a sí mismo en una causa justa; quien en lo mejor conocerá al final el triunfo de los altos logros, y quien a lo peor, si falla, por lo menos fallará atreviéndose, para que su lugar nunca sea con esas almas frías y tímidas que nunca conocieron ni victoria ni derrota».[8]

### Una promesa hecha...

Sabía, en lo profundo de mi corazón, que intentar adoptar a Sergei sería costoso, llevaría mucho tiempo y sería arriesgado. Para entonces, ya habíamos comenzado los procedimientos de adopción de nuestros dos hijos africanos. Mi rostro ya estaba «estropeado por el polvo, el sudor y la sangre», por así decirlo. ¿Deberíamos asumir esto también?

A pesar de lo locos que la mayoría de nuestros familiares y amigos pensaban que estábamos, decidimos seguir adelante con las tres adopciones: nuestros dos hijos de Liberia y ahora Sergei. La adopción de Sergei sería mucho más complicada que las otras dos, pero Dios seguía abriendo las puertas, así que seguimos pasando a través de ellas. El mismo fin de semana que nuestros muchachos de África llegaron a vivir a nuestra casa de forma permanente, Sergei llegó para su visita de Navidad de cinco semanas. La vida era ruidosa, loca, desordenada y más maravillosa que nunca. De hecho, Art y yo nunca abrimos nuestros regalos. Parecían un poco insignificantes cuando teníamos más alegría de la que podíamos contener con solo ver niños que nunca habían tenido nada que ver con experimentar el amor de una familia en Navidad.

La visita de Sergei pasó volando y, antes de que nos diéramos cuenta, había llegado el momento de que regresara a su orfanato al otro lado del mundo. El día previo a su partida, le pedimos a un intérprete que nos ayudara a discutir con Sergei la posibilidad de adoptarlo. Dijo que amaba a nuestra familia y que quería ser parte de ella. Le prometimos que haríamos todo lo que estuviera en nuestro poder para completar el papeleo necesario con el fin de traerlo a casa rápidamente, sin imaginar que eso podría llevar años.

### «Él entenderá»

En el momento de redactar este libro, el proceso ya lleva más de un año y todavía no tenemos a Sergei en casa. Ha sido un dificultoso año de anhelo y espera, de sentirme esperanzada y al mismo tiempo muy decepcionada. Solo hemos podido enviarle un par de paquetes, algunos correos electrónicos y una llamada telefónica.

Cuando estábamos trabajando para organizar la llamada telefónica con Sergei, les pedí a algunos de los funcionarios que —por favor— proporcionaran un intérprete para ayudar a facilitar nuestra conversación. Quería que Sergei supiera que la adopción no estaba retrasada por nosotros, sino por la burocracia de dos gobiernos muy diferentes. Como no había intérprete, mi ánimo decayó. Había pasado tanto tiempo desde que Sergei se había comunicado en inglés con nosotros, que dudaba que recordara lo suficiente como para sostener una conversación significativa.

La señora que ayudó a organizar la llamada, una de las pocas cristianas involucradas por su parte, sabía que yo estaba decepcionada con la noticia. Así que el día antes de la llamada, me envió un correo electrónico para animarme: «No habrá intérprete ya que nadie sabe inglés en Ryasno. Pero le dirás que lo amas y él lo entenderá».

Qué hermosa verdad. Sí, creo que Sergei recordó mi voz y entendió que su mamá lo ama. Una de las primeras frases que Sergei me habló en inglés fue «Te amo, mami». La conversación fue más corta de lo que me hubiera gustado y sin todas las explicaciones que quería darle, pero fue grata. Era exactamente la forma en que Dios la planeó y probablemente eso era todo lo que Sergei necesitaba.

El comentario de la dama bielorrusa me recuerda mucho lo que Dios sigue enseñándome sobre la confianza en él. Cuando siento dolor por las cosas tristes de la vida y clamo a Dios, puedo imaginármelo instruyendo al Espíritu Santo para que me diga algo similar. *No hay forma de interpretar este evento de una manera que ella pueda comprender, pero dile que la amo y que ella lo entenderá.*

¿No es Dios asombroso? Claro que sí, de hecho, Dios es bueno. Aun cuando no puedo entender su tiempo y sus caminos, entiendo completamente su amor, y eso *es* suficiente.

### Una promesa cumplida

No, Dios todavía no ha resucitado esa situación de la manera que espero que lo haga. Pero ha resucitado la forma en que la veo ahora. Es posible que tengamos que pasar por las etapas de la fe muchas veces antes de que nuestro tierno Sergei regrese a casa, pero el sueño vale la pena. ¿Y si la respuesta final de Dios es no? Con lágrimas en los ojos diré, como dice tan bellamente el himno: «Está bien mi Dios». No veré eso como una pérdida de tiempo ni de dinero. Rehusaré ahogarme en la amargura. Me sentiré privilegiada de poder conocer, amar y orar por ese niño. Ese chico, con quien no comparto ninguna conexión biológica, pero que ha capturado mi corazón y ha aprovechado mis instintos maternos. Ese chico, a quien amaré para siempre porque atesoro nuestras cinco cortas semanas juntos.

Mi momento favorito con Sergei era por la noche después de bañarse, cuando entraba en su habitación y yo lo acostaba. Hacía oraciones con él y lo abrigaba con las mantas como a él le gustaba, apretadas alrededor de su pequeño cuerpo con solo la parte superior de la cabeza y los ojos asomados. Luego le cantaría «Cristo me ama, la Biblia dice así» y vería la paz envolver esa pequeña vida.

Esa es una imagen que atesoro. Estoy segura de que el tiempo que pasó con nosotros impactó para siempre el alma de Sergei y que, algún día, Jesucristo llegará a ser el Señor de su vida. Aunque puede que él no tenga el hogar aquí en la tierra que yo deseo, estoy convencida de que tendrá algo mucho mejor: un hogar eterno sin más lágrimas, sin más hambre, sin más noches solitarias, sin más días inciertos, sin más esperanzas frustradas y no más preguntas sin respuestas.

Cualquiera sea la situación que suceda, tengo paz porque sé que Dios ha prometido —en el Salmo 68:5— que él es «Padre de los huérfanos». Aunque creo que la mejor respuesta es que nos conceda la adopción de Sergei, realmente el mejor lugar para él es donde pueda llegar a conocer a Dios. Aunque un orfanato olvidado parezca un lugar poco probable, Dios está allí. Puedo imaginar los coros de ángeles cantándole para que duerma y a su Padre celestial acostándolo en la cama. Mientras sus ojos se asoman por encima de las mantas apretadas, lo último que verá cada noche es el rostro sonriente de su «Papi» celestial.

¿Y que ha de pasar con mi promesa a Sergei? Le prometí ir a buscarlo y esa promesa no será rota, aunque nunca llegue a traerlo —físicamente— a casa. Porque le enseñé a Sergei acerca de Jesús, el que su alma realmente anhela incluso más que una mamá y un papá. Lo más glorioso de la resurrección es la promesa que Jesús nos hizo de que regresará. «¡Miren que vengo pronto! ... Traigo conmigo mi recompensa, y le pagaré a cada uno según lo que haya hecho. Yo soy el Alfa y la Omega, el Primero y el Último, el Principio y el Fin ... ¡Sí, vengo pronto!» (Apocalipsis 22:7, 12, 13, 20).

Sería negligente si les hiciera creer que, en este viaje de fe, la fase de la resurrección siempre termina con un «felices para siempre». Vivimos en un mundo caído con lagunas e injusticias desgarradoras. Pero nuestras almas pueden elevarse por encima de los polvorientos caminos de esta tierra hacia el victorioso reino celestial que es nuestro verdadero hogar. Siempre debemos recordar que este lugar no es más que una parada en el camino, no nuestro destino real.

Un maestro de la Biblia expresó cierta vez que la fe implica abandonar todo, yo creo eso. Números 23:19-20 dice: «Dios no es hombre para que mienta, ni hijo de hombre para que cambie de opinión. ¿Habla y no actúa? ¿Promete y no cumple? He recibido el mandamiento de bendecir; él ha bendecido y no puedo cambiarlo». Puede que no resucite todas las circunstancias de tu vida, pero resucitará una confianza más profunda y segura en él, si se lo permites.

# *Estudio bíblico personal*

**1. Lee Lucas 1:5-25; 18:1-8.**

Zacarías era un hombre muy anciano cuando un ángel le dijo: «No temas ... tu oración ha sido escuchada». Ya cuando apareció el ángel, Zacarías probablemente había renunciado a que Dios respondiera su oración por un niño. Había seguido con su vida, aceptando el silencio de Dios como un no y continuó sirviendo al Señor. Lucas 1:6 nos dice que tanto Zacarías como su esposa, Isabel, eran «rectos ante los ojos de Dios, observando todos los mandamientos y ordenanzas del Señor sin mancha». Ellos decidieron continuar honrando a Dios y colocaron su relación con él por encima de la necesidad de tener hijos. Decidieron no amargarse ni apartarse del Señor. Sin embargo, Dios, a su tiempo, decidió responder a sus oraciones mucho después de que ellos esperaban que lo hiciera. A veces dejamos de orar, alzamos las manos y asumimos que nuestras oraciones serán olvidadas solo porque dejamos de pedir. Esta historia nos muestra que Dios responde las oraciones de acuerdo a su tiempo, no al nuestro. No olvidemos ese elemento esencial en nuestra vida de oración.

Jesús usa la parábola de la viuda y el juez para mostrarnos que debemos continuar orando y no rendirnos. Así como la viuda finalmente «agotó» al juez, también podemos prevalecer sobre Dios al perseverar en nuestra vida de oración. Lucas 18:7 dice: «¿Acaso Dios no hará justicia a sus escogidos, que claman a él día y noche? ¿Se tardará mucho en responderles?». No dejes que la sabiduría mundana te impida presentarte continuamente ante Dios con tus necesidades. He aprendido eso porque he sentido que debo estar desgastando a Dios con mis continuas oraciones por Sergei. Continuaré orando con expectación y solo me detendré cuando sienta que Dios responde. Gálatas 4:18 dice:

«Está bien mostrar interés, con tal de que ese interés sea bien intencionado y constante, y que no se manifieste solo cuando yo estoy con ustedes».

**2. Lee el Salmo 56:8; Isaías 25:8; Apocalipsis 7:17.**

La noche que me desperté llorando por Sergei, Dios me recordó estos versículos. Aunque tomé las lágrimas de Sergei en esa asombrosa noche, Dios nos muestra en su Palabra que él toma nuestras lágrimas todos los días. Qué asombroso para mí que el Dios del universo se detenga en medio de toda su creación para enjugar nuestras lágrimas y guardarlas en una botella. La próxima vez que lloré, planeo agradecerle a Dios a través de mis lágrimas porque se preocupa por mí en esa manera, ¡y también se preocupa por ti! Anota lo que estos versículos significan para ti en lo personal.

**3. Lee Romanos 8:23-25.**

Al experimentar el milagro de la adopción directamente, he aprendido el don de Dios cuando somos injertadas en su familia. Todas las almas anhelan sentirse como en casa y todas gemimos por dentro por nuestro verdadero hogar, el cielo. Allí experimentaremos una resurrección diferente a cualquier forma de resurrección que hayamos vivido en la tierra. Participaremos en la familia de Dios, en la casa de Dios. Como dice la canción, «Qué día de regocijo será ese». Gracias a Dios que te ha adoptado en su familia hoy.

*Diecinueve*

# Dios da vida a los sueños

Mientras la dama se acercaba a mí, supe exactamente lo que estaba pensando y sintiendo. Se juzgaba insignificante. Muy pequeña. Se dirigió hacia mí en el frente de la habitación. Yo estaba rodeada de mujeres de todas las edades. Algunas solo querían darme un abrazo entre lágrimas. Otras sostenían mi libro en sus manos, buscando una nota de aliento y un autógrafo. Ella solo quería preguntarme *¿cómo?* ¿Cómo podía ella tomar una vida rota y permitir que Dios la usara para su gloria? ¿Es posible que una niña rechazada por su padre terrenal pueda ser elegida y apartada para un llamamiento divino? ¿Cómo podría ella superar la imposibilidad de manejar un simple día para llegar al punto de proclamar a Dios desde un pulpito?

Ella esperó su turno en la fila. Luego, cuando abrió la boca para hablar, se le hizo un nudo en la garganta, los ojos se le llenaron de lágrimas y todo lo que pudo gritar fue un emotivo «¿cómo?». Quería que la llevara a casa conmigo y la enseñara. Quería que la metiera en mi maleta, la alejara de su vida y la llevara a la vida de alguien que la apreciara. Quería que le dijera una respuesta rápida y sencilla, tres pasos fáciles para una vida que sueña, todo por el bajo precio de asistir al seminario. Pero yo no era una maga, ni una hábil vendedora ni una mujer que buscaba una nueva invitación. Yo era una mujer que había experimentado profundas heridas y amargas decepciones, y que había optado por entregar su vida a Dios y ahora estaba siendo usada por él.

No le di la respuesta rápida y fácil que ella estaba buscando. No le di ninguna palabra de sabiduría ni una instrucción profunda. Solo tuvimos tiempo para que yo simplemente le dijera cómo comencé y luego regresó a su asiento. Pero no regresó vacía ni sin esperanza.

Oré lo que me faltó decirle en palabras, compensé eso con el ejemplo. Oré para que viera a Jesús en mí. Oré para que viera una prueba viviente de la redención de Dios. Oré para que pensara lo siguiente: *Si Dios pudo hacer eso con ella, creo que —después de todo— hay esperanza para mí.* Y oré que algo nuevo, grande y dirigido por Dios naciera en ella y se confirmara en su corazón de una manera innegable aquel día.

Aunque ella todavía no sabía *cómo*, oré para que supiera que Dios podía hallar una manera. Aunque no sabía *cuándo*, oré para que supiera que el momento estaba en las manos de Dios. Aunque ni siquiera pensó que tenía mucho que ofrecer, yo sabía que Dios llenaría sus vacíos. Oré para que ella simplemente supiera que Dios estaba llamándola, invitándola, conquistándola con sus huellas digitales por todas partes, y eso era suficiente.

## Experimentar a Dios

¿Recuerdas el primer capítulo del libro? La misma escena sucedió muchos años antes, solo que ahora yo era la oradora. Apenas podía creerlo. ¡Dios da vida a los sueños! Acababa de hablar ante un auditorio repleto de mujeres y ante más de 100.000 de ellas a través de transmisión simultánea. Mi mesa de exposición estaba llena de libros y ahora las mujeres hacían fila para recibirme. Fue entonces cuando me di cuenta de todo.

Eso no es lo que llena de alegría mi corazón. Me sentí honrada por ser un instrumento a través del cual se podía llegar a otras mujeres. Estaba agradecida por poder experimentar todo eso. Pero simplemente no fue la experiencia culminante que siempre pensé que sería. No me hizo sentir más importante ni menos insegura. Eso fue algo fugaz, transitorio. Me di cuenta de que la alegría del viaje no era simplemente llegar a la tierra prometida. El verdadero gozo era experimentar a Dios a lo largo de todas las fases de la fe. Cerré los ojos y bebí en ese momento de la verdad.

Somos asombrosamente similares a los hijos de Israel. Pasamos la mitad de nuestras vidas recordando el pasado de nuestro propio Egipto con memorias escogidas, deseando recuperar nuestra comodidad. Luego, pasamos la otra mitad deseando que nuestros días transcurran en un futuro de ensueño en nuestra propia tierra prometida. El poco tiempo en el que realmente nos enfocamos en el viaje que estamos haciendo, a menudo, lo desperdiciamos quejándonos, murmurando, deseando estar en un lugar diferente o simplemente, y sin pensar, siguiendo el ritmo de la vida. ¿Por qué nos cuesta aceptar el momento que se nos ha dado y experimentar a Dios aquí y en este instante?

Cualquiera sea el punto en el que te encuentres hoy, Dios está contigo. Dios te está conquistando. Dios quiere que lo experimentes. Sea lo que sea por lo que estés pasando hoy, puedes encontrar el gozo y la paz de Dios. Por muy distantes que parezcan tus sueños, Dios está resolviendo las cosas y hoy es una parte importante de ese proceso. Recuerda tus experiencias con Dios. Escríbelas. Reflexiona en ellas frecuentemente. Atesóralas en tu corazón. Y promete hacer de tu experiencia con Dios la meta más alta de tu jornada de fe.

## Atajos

Ni el viaje ni la tierra prometida le darán a mi corazón lo que realmente desea. Tengo que caminar con Dios todos los días y dejar que él haga su voluntad en mí. Tengo que aceptar tanto las luchas como los triunfos, las alegrías y los dolores, las muertes y las resurrecciones. Ningún atajo o solución rápida me ayudará a convertirme en la mujer que Dios quiere que sea.

Hace algún tiempo, Art pensó tomar una especie de atajo. A través de las maravillas de la tecnología moderna, la extraordinaria cirugía ocular LASIK ofrecía una gran promesa para librar a Art de sus temidos lentes de contacto y de los anteojos. Pero quería un procedimiento que fuera más barato y más rápido de lo que la mayoría de los médicos de nuestra área podían prometer, por lo que pospuso la cirugía. Entonces, un día, vio en el periódico un cupón de descuento para los que se sometieran a una cirugía LASIK súper rápida y súper barata, por lo que aprovechó la oportunidad.

Yo estaba un poco preocupada cuando llegué al centro médico el día de la cirugía. ¿Quién ha oído hablar de una cirugía en los ojos en la parte trasera de un camión estacionado al costado de un centro comercial cerca del contenedor de basura? Pero el atractivo de ahorrar unos dólares y conseguir una solución rápida disiparon las dudas que Art podría haber tenido; de modo que subió las escaleras tambaleándose y desapareció en el interior del camión.

Al principio, la cirugía pareció haber funcionado. Pero a medida que pasaban los meses, la vista de Art volvió a ser tan mala como antes, si no un poco peor. Al fin, tuvo que conducir fuera de la ciudad a ver a un especialista para que le operara los ojos nuevamente, lo que terminó costándole más tiempo y más dinero.

Sin embargo, no puedo culpar a Art por su error porque he cometido lo mismo en mi caminar espiritual muchas veces. Conoces muchas de mis experiencias porque las has leído en este libro. Los momentos en que me he adelantado a Dios, en que le he hecho sugerencias, en que he manipulado las circunstancias y en que me he sentido frustrada cuando mis atajos... bueno… ¡fallaron! Sucede que tengo una visión acerca de algo, de inmediato me dirijo directamente a hacerlo realidad y luego le pido a Dios que bendiga mis planes. ¡Cómo debe quebrantarle eso su corazón!

## Nuestra fuerza impulsora

Hay un propósito eterno en todo esto que no se puede obviar.

> Dentro de ti, en lo profundo de tu interior, habita un pequeño chotacabras. Escucha. Lo oirás trinar ... Olvidamos que está ahí, es muy fácil ignorarlo. Otros animales del corazón son más grandes, más ruidosos, más exigentes, más imponentes. Pero ninguno es tan persistente. Otras criaturas se alimentan más rápidamente. Se satisfacen fácilmente. Alimentamos al león que gruñe por poder. Acariciamos al tigre que exige cariño. Sujetamos al semental controlador. Pero, ¿qué hacemos con el chotacabras que anhela la eternidad?[9]

¿Has escuchado ese constante trinar en tu alma? ¿Pequeños recordatorios de que este lugar no es todo lo que hay? Agradezco mucho que la tierra siempre produzca descontentos y deficiencias. Y que hablar ante multitudes de personas no sea tan bueno como parece. Me encanta conocer a otras oradoras que he admirado durante mucho tiempo y me doy cuenta de que, en realidad, me parecen muy familiares. Y eso hace que mi corazón solo se mantenga basado y centrado en Dios. Por tanto, debemos aprender a anhelar al que sostiene nuestra eternidad y dejar que su canción sea la fuerza impulsora en nuestro corazón.

## El Salón de la fama

La búsqueda de una fe más profunda no tiene nada que ver con el juego espiritual de imitar o no ser superada por otra persona, de ser admirada y elogiada por nuestros grandes atributos espirituales. No, todo lo contrario. Caminar de cerca con Dios nos da una percepción más aguda de nuestra desesperada necesidad de él.

Reflexiona por un minuto en la persona que ha ejercido la mayor influencia espiritual en tu vida. Podría tratarse de una conocida maestra de la Biblia o una dama en tu iglesia. Sea quien sea, permíteme que te diga un pequeño secreto. Todavía lucha, ocasionalmente, batalla con la inseguridad. Hay cosas de su vida que ha intentado cambiar por años, infructuosamente. Tiene personas cercanas que la molestan y la irritan por maldad. Hasta Dios ha herido sus sentimientos una o dos veces. ¡Ah! Es tan humana.

Hebreos 11, el salón de la fama de la fe, elogia a muchas personas por la forma en que caminaron con Dios. Pero al examinar esos versículos, no puedo dejar de sorprenderme al ver que todas y cada una de esas personas nombradas tenían algunas fallas. Ninguna tuvo vidas perfectas, aunque llevaron vidas dignas de ser mencionadas en la Palabra de Dios. ¿Por qué? Bueno, eso no tuvo mucho que ver con ellos. Se nombraron, simplemente, porque creían que Dios era lo que dijo que era y confiaban en que haría lo que prometió. «Ahora bien, la fe es la garantía de lo que se espera, la certeza de lo que no se ve. Gracias a ella fueron aprobados los antiguos» (Hebreos 11:1-2).

Como he dicho una y otra vez, lo importante no es lo que hagas por Dios, sino más bien llegar a conocerlo y creerle en el camino.

# *Estudio bíblico personal*

**1. Lee Hechos 7:44-50.**

Al pasar por esta historia del pueblo de Dios desde Abraham hasta Josué, continuamente vemos a Dios en medio de su pueblo. ¿Acaso necesita un tabernáculo o santuario en la tierra? No. Como nos dicen estos versículos, él tiene todo el cielo como su trono y la tierra es simplemente el estrado de sus pies. Él no necesita que le construyamos un lugar para descansar. Pero sí sabía que necesitaríamos un lugar para encontrarnos con él, un recordatorio visual de que está entre nosotras.

Nuestro creador sabe lo que necesitamos. En su misericordia, les dio a los israelitas ese recordatorio visual al instruirlos para que construyeran el tabernáculo. Hoy en día, la iglesia, la Biblia e incluso nuestros propios hogares pueden servir como recordatorios visuales de la presencia de Dios. Jesús es accesible para nosotros en todo momento. Vino como Emmanuel, Dios con nosotros. Rompió el velo que nos separa de Dios. A través de su muerte, está siempre entre nosotras y nunca estamos solas. Alaba al Señor hoy por ser el Emmanuel en tu vida, y no olvides que siempre está a tu lado. Escribe las formas en que puedes hacer de tu hogar un santuario.

Una sugerencia: revisa este libro y elige las Escrituras que te hayan impactado. Escríbelas en fichas y colócalas en tu casa. Deuteronomio 6:9 dice: «Escríbelos en los marcos de las puertas de tus casas y en tus puertas».

**2. Lee el Salmo 78:4-7; 79:13.**

Este capítulo se llama «Dios da vida a los sueños». Al emprender el viaje a través de este libro y el estudio bíblico, sin duda has tenido algunos encuentros asombrosos con el Señor. Has visto a

Dios dar vida a los sueños en cualquier punto de la travesía en que te encuentres. Trata de recordar tus experiencias con Dios y pásalas a la próxima generación, como lo describen estos versículos.

En los próximos días y semanas, esfuérzate por compartir una parte de tu historia con alguien. Si tienes hijos, comparte con ellos, de manera que puedan entender, lo que has estado aprendiendo acerca de Dios. Cuéntales sobre los sueños que Dios ha plantado en tu corazón y cómo Dios los está cumpliendo en tu vida. Asegúrales que son parte de tus sueños. Al hacer esto, haces que Dios sea real para ellos. Aprenden, con el ejemplo, que ellos también pueden tener una relación con Dios. Cuando Moisés entregó los Diez Mandamientos a los israelitas, le dijo al pueblo: «Estos mandamientos que les doy hoy deben estar sobre sus corazones. Impresiona a tus hijos. Habla de ellos cuando te sientes en casa y cuando andes por el camino, cuando te acuestes y cuando te levantes» (Deuteronomio 6:6-7). Habla con tus hijos y tus seres queridos sobre Dios. Haz famoso su nombre en tu hogar. Escribe algunas ideas de historias específicas que puedas compartir con otras personas sobre la obra de Dios en tu vida. Pídele a Dios que te recuerde algunos si estás luchando con esto.

### 3. Lee Éxodo 17:14-15; Josué 4:1-9.

Ambos pasajes hablan sobre la creación de algún tipo de memoria de lo que Dios ha hecho en nuestras vidas. Ya sea que lo escribamos como recuerdo, hagamos un estandarte o construyamos un altar, estamos recordando la obra de Dios en nuestras vidas para que todos la vean. Dios, obviamente, siente que es importante que lo hagamos porque él incluyó estos y otros ejemplos en la Biblia. ¿Cómo puedes crear un recuerdo de lo que Dios ha hecho en tu vida? Pídele que te revele una forma que se adapte perfectamente a tu personalidad y tus dones. Escribe algunas ideas en tu cuaderno.

*Veinte*

# Cada promesa cumplida

¡Vaya, qué aventura hemos tenido! Y cuántas personas poco probables hemos visto convertirse en protagonistas del elenco de este espectáculo. Lo primero que Dios hizo fue plantar el sueño de una nación escogida con personas provenientes de un hombre sin hijos llamado Abraham. Luego, tenemos a José, que pasó una buena parte de su vida siendo traicionado y viviendo en prisión, pero luego se convirtió en el segundo hombre más poderoso del mundo. Y no debemos olvidar a Moisés, que no solo vio algunos de los milagros más asombrosos jamás realizados por la mano de Dios, sino que también vio al propio Dios. Luego pasó a los hijos de Israel, cuyos ciclos de desobediencia resultaron ser un rico campo de entrenamiento para todos los hijos de Dios, incluidas nosotras. Ahora, finalmente, el momento que hemos estado esperando: ¡Josué y la tierra prometida!

Josué me inspira como ningún otro personaje de la Biblia debido a su determinación de ser absolutamente obediente a Dios. Dejó a un lado todas sus reservas humanas y siguió con determinación a Dios. Estuvo con Moisés en Egipto a través de todos los altibajos sufridos al deambular por el desierto, y vio morir a su amado líder antes de llegar a la tierra prometida. Sin embargo, observó y aprendió bien. Ahora había llegado su momento de liderar. Pero no vaciló como Moisés. No cuestionó a Dios como lo hizo Moisés. Dios lo dijo, Josué lo creyó y la tierra prometida fue conquistada. Observa las maneras profundamente diferentes en que Moisés y Josué abordaron las tareas que se les encomendaron.

## Su confianza

Cuando Dios le dijo a Moisés que él sería el líder, Moisés consideró todas las razones por las que no podía serlo. No vemos ningún registro similar de dudas en Josué. Él debe haber sabido que su llamado tenía muy poco que ver con sus calificaciones o sus habilidades. Dios sería el verdadero libertador. Josué entendió y caminó con confianza con ese conocimiento.

Dios había dicho: «Durante todos los días de tu vida, nadie será capaz de enfrentarse a ti. Así como estuve con Moisés, también estaré contigo; no te dejaré ni te abandonaré. Sé fuerte y valiente, porque tú harás que este pueblo herede la tierra que les prometí a sus antepasados» (Josué 1:5-6). ¡Qué clase de declaración divina! Una afirmación que, definitivamente, ¡fortalece la confianza!

Dios le dijo que fuera «fuerte y valiente» dos veces más en este mismo capítulo. Incluso, hizo que los israelitas lo tranquilizaran de la misma manera: «Nosotros obedeceremos todo lo que nos has mandado, e iremos adondequiera que nos envíes. Te obedeceremos en todo, tal como lo hicimos con Moisés. Lo único que pedimos es que el Señor esté contigo como estuvo con Moisés. Cualquiera que se rebele contra tus palabras o que no obedezca lo que tú ordenes será condenado a muerte. Pero tú, ¡sé fuerte y valiente!» (Josué 1:16-18).

¿Acaso la confianza de Josué surgió como un derivado natural de su personalidad? No lo creo. Si la confianza fuera algo natural para Josué, no creo que Dios hubiera tenido que decirle que fuera fuerte y valiente una vez tras otra. No, la confianza de Josué era firme porque confiaba en las promesas de Dios.

## Su audacia

Israel huyó de Egipto bajo la dirección de Moisés, pero se aterrorizaron cuando llegaron al Mar Rojo. Estaban atrapados entre un ejército mortal y un mar peligrosísimo. Moisés clamó al Señor en nombre de ellos y le dijo al pueblo que se quedara quieto. Dios pareció frustrado cuando respondió: «¿Por qué clamas a mí? ¡Ordena a los israelitas que se pongan en marcha! Y tú, levanta tu vara, extiende tu brazo sobre el mar y divide las aguas, para que los israelitas lo crucen sobre terreno seco». Quizás Dios ya había dicho que siguiera adelante y nadie se movió. Ni siquiera se puso un dedo del pie en el agua hasta que las aguas se separaron primero y la tierra quedó seca.

En contraste, cuando Dios le ordenó a Josué que les dijera a los sacerdotes que fueran al río Jordán, estos lo hicieron sin dudarlo. Bajo el liderazgo de Josué, estaban dispuestos a mojarse y a confiar en que Dios dividiría el agua antes que vieran tierra firme. «Ahora bien, las aguas del Jordán se desbordan en el tiempo de la cosecha. A pesar de eso, tan pronto como los pies de los sacerdotes que portaban el arca tocaron las aguas, estas dejaron de fluir y formaron un muro que se veía a la distancia, más o menos a la altura del pueblo de Adán, junto a la fortaleza de Saretán. A la vez, dejaron de correr las aguas que fluían en el mar del Arabá, es decir, el Mar Muerto, y así el pueblo pudo cruzar hasta quedar frente a Jericó. Por su parte, los sacerdotes que portaban el arca del pacto del Señor permanecieron de pie en terreno seco, en medio del Jordán, mientras todo el pueblo de Israel terminaba de cruzar el río por el cauce totalmente seco» (Josué 3:15-17).

Esta ilustración me desafía. ¿Acaso soy el tipo de líder que tiene que ver primero la tierra seca? ¿O estoy dispuesta a mojarme y ensuciarme un poco, a entrar en lo incierto y confiar en él? ¿Qué tan valiente soy, realmente, para Dios?

## Su coraje

La forma en que manejaban a los gigantes también era muy diferente. Cuando los espías israelitas exploraron la tierra prometida e hicieron su informe, Moisés permitió que las opiniones negativas de diez hombres afectaran las opiniones de toda la nación. Dios les dio la seguridad de que iría delante de ellos. La victoria era segura. Caleb, uno de los espías que se aferró a las promesas de Dios, confirmó que debían ir diciendo: «Subamos a conquistar esa tierra. Estoy seguro de que podremos hacerlo» (Números 13:30). Pero la gente no quiso escuchar. La negatividad creció y se extendió como la pólvora por todo el campamento. Moisés se entristeció cuando el pueblo no quiso escuchar pero, en vez de mantenerse firme, se arrojó delante de ellos y suplicó. Dios se enojó mucho, por lo que comenzó el período de cuarenta años que estuvieron vagando por el desierto.

El coraje de Josué y el de los israelitas bajo su liderazgo fueron muy diferentes de los de la generación anterior. En vez de enfocarse en temer a su enemigo, se concentraron en purificarse, liberando sus corazones del pecado. Luego se dirigieron con valentía a donde Dios les dijo que fueran, hicieron exactamente lo que se les instruyó y conquistaron la tierra prometida a la manera de Dios.

Entonces Josué dio un paso más. Quería poner en perspectiva el miedo que había mantenido a los israelitas alejados de la tierra prometida durante cuarenta años. Con ello dio ejemplo a los reyes de sus enemigos. Josué 10:24 registra un momento glorioso para los hijos de Israel: «Cuando se los trajeron, Josué convocó a todo el ejército israelita y les ordenó a todos los comandantes que lo habían acompañado: "Acérquense y písenles el cuello a estos reyes". Los comandantes obedecieron al instante».

Henry y Richard Blackaby hacen la siguiente observación:

> Los jóvenes soldados israelitas habían crecido bajo
> un miedo abyecto a esos reyes. Pasaron año tras año
> desperdiciando su juventud en un desierto árido
> mientras sus ancianos padres justificaban débil-
> mente su desobediencia a Dios explicando que
> Canaán estaba poblada por gigantes feroces e inven-
> cibles. Pero ahora, ellos habían visto a esos «gigan-
> tes» de cerca. Incluso sus reyes eran hombres
> comunes que podían ser humillados por Dios. Josué
> quería quitar cualquier duda de la mente de sus sol-
> dados de que cuando caminaban obedientemente
> con Dios eran invencibles. Durante el resto del lide-
> razgo de Josué, no se menciona que sus soldados
> temieran a sus enemigos.[10]

Dios les dio la victoria a los hijos de Israel y puso sus temores
bajo sus pies. El corazón resuelto y obediente de Josué inspiró a
sus seguidores a convertirse en personas resueltas y obedientes.
En defensa de Moisés, Josué tuvo la ventaja de aprender de los
errores de Moisés. Josué vio a Moisés en sus momentos de completa obediencia así como también vio la bendición de Dios. Vio
a Moisés en tiempos de desobediencia y vio el castigo de Dios.
Vio morir a Moisés antes de llegar a la tierra prometida tal como
Dios dijo. Josué vio cómo se vivía la gran fe de Moisés y, a pesar
de los errores de este, Josué vio a un héroe. Josué no solo vio, sino
que aprendió de él. Permitió que lo que vio tuviera un efecto
profundo en su vida.

Nosotras tenemos la misma ventaja que Josué. Hemos visto a
esos grandes héroes de la fe que caminaron antes que nosotras.
Hemos observado, hemos estudiado, hemos reflexionado, hemos

aprendido. Ahora bien, ¿qué tipo de diferencia tendrán sus vidas con la forma en que nosotras caminamos?

La historia crece cuando el pueblo de Dios bajo el liderazgo de Josué toma posesión de la tierra. Esa tierra prometida tan esperada. Ha llegado el momento de que nosotras también tomemos posesión de algo. Debemos cruzar el río, clamar a gritos, ver caer los muros y posesionarnos de las promesas de Dios.

¿Captaste ese tema de fondo a lo largo de todo este libro? Nos hemos estado preparando para poseer plenamente todas las promesas que Dios nos hizo. El *Diccionario de la Lengua Española* define «poseer» como «(1) Tener algo en nuestro poder; (2) tener algo [atributo] en nuestro interior o formando parte de una; (3) tener una influencia poderosa sobre alguien (control)».

¿No es esa una definición reveladora? Cuán aplicable es a nuestra posesión de las promesas de Dios. Primero debemos aprender a tomarlas como propias. No es que las poseamos exclusivamente, sino que las poseemos *personalmente*. Llegamos a depender de Dios y sus promesas para instruirnos, enseñarnos y guiarnos. En segundo lugar, poseer las promesas de Dios nos afecta. Dios da forma a nuestro carácter y lo moldea. Él redefine quiénes somos y qué hacemos.

Y, por último, Dios y sus promesas ganan control sobre nuestras vidas. Nuestra relación con él nos transforma tan profundamente que, como resultado, llevamos vidas completamente diferentes. Realmente nos convertimos en la nueva creación que Dios quiere que seamos. «Por lo tanto, si alguno está en Cristo, *es una nueva creación*. ¡Lo viejo ha pasado, ha llegado ya lo nuevo!» (2 Corintios 5:17). Para poseer las promesas de Dios de esta manera, debemos renunciar a nuestras antiguas dependencias. ¿Qué más o quién más rivaliza con Dios por tu dependencia?

¿Acaso son tus padres? ¿Tu cónyuge? ¿Tus niños? ¿Tu carrera? ¿Tu estilo de vida? ¿Tus logros pasados? Sea lo que sea o quien sea, permíteme animarte a que renuncies a esos falsos apoyos y dependas solo de Dios para que te dé poder. Andy Stanley nos brinda ese desafío:

> Tu objetivo principal debe ser vivir en un estado continuo de entrega, reconociendo que sin la intervención del Espíritu Santo serás derrotado por el poder del pecado. Si hay un tema singular que surge de la totalidad de la Escritura, es este: a través de la relación con Dios, el hombre finalmente es capaz de hacer lo que era incapaz de hacer por sí mismo. De eso se trata el andar en el Espíritu. Y de eso se trata el carácter … El carácter es el subproducto de la dependencia … El carácter es la voluntad de hacer lo correcto, como lo define Dios, sin importar el costo personal.[11]

Josué era, en efecto, un hombre de carácter. Cuando los israelitas finalmente poseyeron la tierra prometida y la dividieron entre las tribus, Josué fue el último en recibir su porción. Josué se aseguró de que todos obtuvieran lo que se merecían antes que él. Josué poseyó su tierra prometida pero, más importante aún, poseyó las promesas de Dios.

Oro para que esto también sea cierto para ti. Caminar con Dios te lleva a lugares asombrosos pero, lo que es más importante, te permite experimentarlo de maneras asombrosas. No solo lo hemos experimentado sino que, por dicha, también hemos sido transformadas por él. Siento que es apropiado dejarte con una parte del discurso final de Josué a las personas que tanto amaba. Ellos habían viajado juntos. Habían triunfado juntos. Se habían enamorado profundamente de Dios, juntos. ¡Que ocurra lo mismo con nosotras!

> Ustedes han visto todo lo que el Señor su Dios ha hecho con todas aquellas naciones a favor de ustedes, pues él peleó las batallas por ustedes … Por lo tanto, esfuércense por cumplir todo lo que está escrito en el libro de la ley de Moisés. No se aparten de esa ley para nada … Por mi parte, yo estoy a punto de ir por el camino que todo mortal transita. Ustedes bien saben que ninguna de las buenas promesas del Señor su Dios ha dejado de cumplirse al pie de la letra. Todas se han hecho realidad, pues él no ha faltado a ninguna de ellas (Josué 23:3, 6, 14).

¿Qué pasa cuando las mujeres caminan por fe? Bueno, ahora conoces mi historia.

Ah, dulce amiga, qué privilegio ha sido caminar esta parte de tu viaje contigo. Mi oración es que tengas una visión más clara del punto en que te encuentras en las fases de la fe y que ese conocimiento te dé valor para seguir adelante. Aunque la aventura es más difícil y grandiosa de lo que nos imaginamos, espero que ahora puedas decir —sin lugar a dudas— que caminar con Dios te lleva a lugares asombrosos. Continúa esforzándote por convertirte en una mujer que considera el pasado, en su caminar con Dios, sin ningún tipo de remordimientos. Porque eso, amiga mía, es el verdadero sueño.

# *Estudio bíblico personal*

Al terminar el libro y el estudio bíblico, me gustaría concluir con una oración por ti, amiga mía. Por favor, busca los siguientes versículos a medida que los nombro, medita en ellos y haz que ellos también oren por ti. Oro para que continúes haciendo esta oración a medida que avanzas en tu caminar con Dios.

Oro para que cuando escuches su voz, no endurezcas tu corazón (Salmos 95:7-8; Hebreos 4:7-8).

Oro para que vivas por fe y no por vista (2 Corintios 5:7).

Oro para que continúes creciendo en tu madurez espiritual (Colosenses 4:12).

Oro para que puedas comprender la longitud, la anchura, la profundidad y la amplitud del amor de Cristo por ti (Efesios 3:18-19).

Oro para que siempre estés ansiosa por hacer lo correcto (Hebreos 13:21).

Oro para que el Dios de la esperanza te llene de mucho gozo y paz mientras confías en él (Romanos 15:13).

Oro para que Dios te dé un espíritu de sabiduría y revelación (Efesios 1:17).

Oro para que seas tan amorosa como Dios y tan paciente como Cristo (2 Tesalonicenses 3:5).

Oro para que Dios te fortalezca con poder a través de su Espíritu (Efesios 3:16).

Oro para que se lleven bien unas con otras, así como Jesús se llevó bien con todos nosotros (Romanos 15:5).

Oro para que estés cara a cara ante el Señor, admitiendo tu dependencia de él (Santiago 4:10).

Oro para que continúes entrenándote para una vida piadosa (1 Timoteo 4:7).

Y finalmente, oro para que continúes viviendo en Cristo, arraigada y edificada en él, fortalecida en la fe como te enseñaron y rebosantes de agradecimiento (Colosenses 2:6).

Haz estas oraciones a lo largo de tu semana y experimenta el poder de orar la Palabra de Dios. Que tu vida cambie para siempre por tu asombroso caminar con Dios. Amén y amén.

# *Notas*

1.  Joel Osteen, *Su mejor vida ahora* (Casa Creación, 2004), 6 (en la edición en inglés).
2.  Phillip Keller, *A Shepherd Looks at Psalm 23* (Zondervan, 1970), 26-27.
3.  Joyce Meyer, *In Pursuit of Peace* (Warner Faith, 2004), 56.
4.  *Life Application Study Bible*, New International Version (Tyndale House Publishers, 1988), 269-97.
5.  *Life Application Study Bible*, 127.
6.  Agradecida a Mark Hamby, cuyos sermones inspiraron estas ideas.
7.  Max Lucado, *Come Thirsty* (W Publishing Group, 2004), 121-22.
8.  Citado en Bob Buford, *Finishing Well* (Integrity Publishers, 2004), 171.
9.  Max Lucado, *Cuando Dios susurra tu nombre* (Grupo Nelson, 1995), 165-66 (en la edición en inglés).
10. Henry Blackaby y Richard Blackaby, *Llamado a ser un líder de Dios* (Caribe, 2004), 182-83 (en la edición en inglés).
11. Andy Stanley, *Las acciones dicen mucho más que las palabras* (Editorial Vida, 2006), 35, 174-75 (en la edición en inglés).

# Acerca de Lysa

**Lysa TerKeurst** es la presidenta de Proverbs 31 Ministries y autora de 21 libros, incluidos los *best sellers* de la lista del *New York Times: Sin invitación* y *The Best Yes*. Además, Lysa es invitada a programas televisivos como Enfoque a la familia, The Today Show, Good Morning America, entre otros. Lysa participa en eventos como Catalyst, Lifeway Abundance Conference, Women of Joy a lo largo del país.

Ama profundamente a su familia y vive con ellos en Charlotte, Carolina del Norte. Conéctate con Lysa en las redes sociales @ LysaTerKeurst o en su blog en www.lysaterkeurst.com.

# Acerca de Proverbs 31 Ministries

Si *Qué pasa cuando las mujeres caminan por fe* te inspiró y desafió, y deseas profundizar tu propia relación personal con Jesucristo, tenemos lo que estás buscando.

Proverbios 31 Ministries es un ministerio de confianza que te llevará de la mano y caminará a tu lado, guiándote más cerca del corazón de Dios a través de:

Free First 5 app
Free online daily devotions
Online Bible studies
Writer and speaker training
Daily radio programs
Books and resources

Para obtener más información sobre Proverbs 31 Ministries, visita www.Proverbs31.org

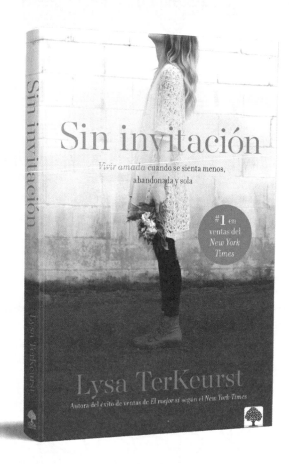

"*El rechazo roba lo mejor de quién soy al reforzar lo peor que me han dicho de mí*".

## EL ENEMIGO QUIERE QUE NOS SINTAMOS RECHAZADAS... EXCLUIDAS, SOLITARIAS E INFERIORES.

*Sin invitación* nos recuerda que fuimos destinadas para un amor que nunca disminuye, ni se quebranta, ni se conmueve, ni es arrebatado; un amor que no rechaza ni la deja sin invitación.

PRESENTAN:

*Para vivir la Palabra*

w w w . c a s a c r e a c i o n . c o m

Te invitamos a que visites nuestra página web, donde podrás apreciar la pasión por la publicación de libros y Biblias:

**www.casacreacion.com**

f @CASACREACION

@CASACREACION

@CASACREACION

*Para vivir la Palabra*